August Friedrich Wilhelm von Leysser

Die Erinnerungen des Kommandeurs der Garde du Corps

1812

Beiträge zur sächsischen Militärgeschichte zwischen 1793 und 1815

Heft 43

Abb. 01   August Wilhelm Friedrich von Leysser
           1771 - 1842

August Friedrich Wilhelm von Leysser

Die Erinnerungen des Kommandeurs der Garde du Corps

1812

Bibliographische Information der Deutschen Biliothek

Die Deutsche Bibliothek verzeichnet diese Publikation in der Deutschen Nationalbibliographie; detaillierte bibliographische Daten sind im Internet über http://dnb.ddb.de abrufbar.

Die Deutsche Bibliothek – CIP – Einheitsaufnahme

Jörg Titze (Hrsg.)

August Friedrich Wilhelm von Leysser – Die Erinnerungen des Kommandeurs der Garde du Corps 1812

ISBN 978-3-7412-4969-3

© 2016 Jörg Titze

Herstellung und Verlag:

BoD - Books on Demand, Norderstedt

Inhaltsverzeichnis

Vorwort   7

Die Erinnerungen   9

Namensverzeichnis der im Text genannten sächsischen Offiziere   41

Quellen   43

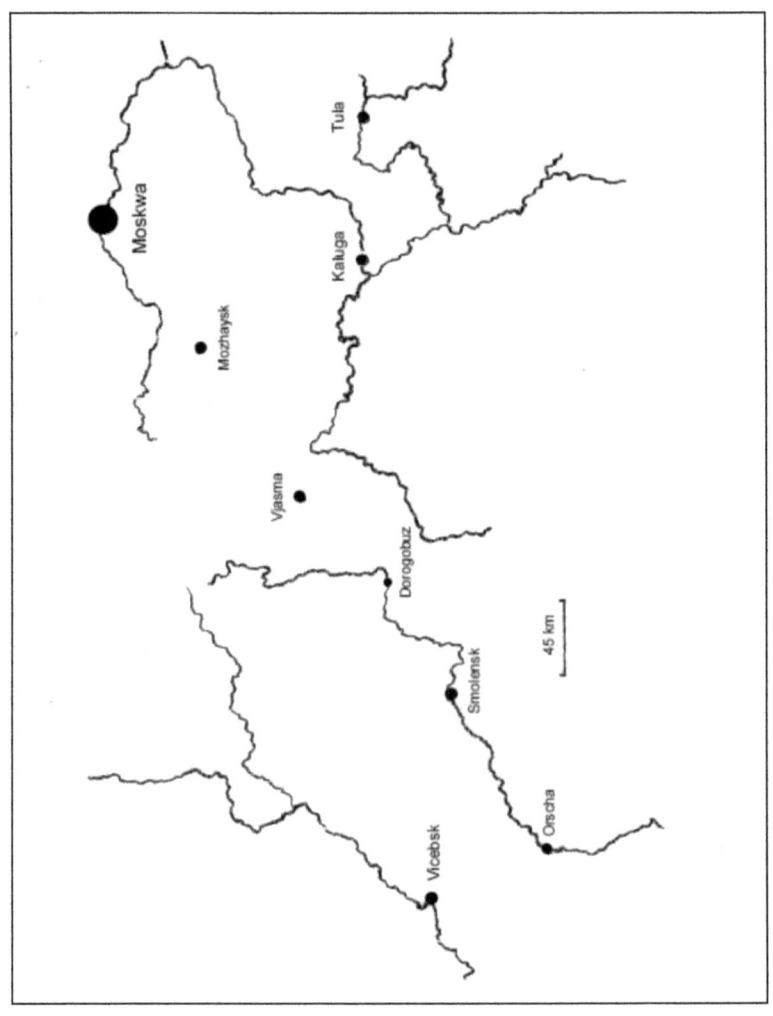

Abb. 02   Umgebung Moskau, Mosaisk, Smolensk

Vorwort

August Friedrich Wilhelm von Leysser (✷17.07.1771 Holzminden, ✝ 21.12.1842 Dresden) war königlicher Flügeladjutant (Patent vom 03.02.1812) und erhielt für den Feldzug von 1812 das Kommando des Regiments Garde du Corps. Er hatte bis 1811 als Major (Patent vom 18.07.1809) in diesem Regiment gestanden.

Sein Obersten-Patent erhielt Leysser am 05.07.1812, auch wurde er General-Adjutant des Königs.

Am 07.09.1812 bei Borodino gefangen genommen, kam Leysser in eine durchaus erträgliche Gefangenschaft. Aus dieser kehrte er 1814 zurück, wurde Kommandeur des Husarenregiments und avancierte am 27.06.1815 zum Generalmajor.

1817 quittierte er den Dienst und widmete sich ab 1820 der Politik.

Die hier wiedergegebenen Erinnerungen liegen als handschriftliche Abschrift im Hauptstaatsarchiv Dresden. Wer diese Abschrift wann gefertigt hat, ist aus dieser nicht zu ersehen.

Das Leysser'sche Original stammt aus dem Jahr 1820 und ist aus seinen Aufzeichnungen gefertigt.

Verwendete Namen, Begriffe und Ortsbezeichnungen werden, insofern zweifelsfrei identifizierbar zum besseren Verständnis in der exakten Begrifflichkeit wiedergeben. Sonst wurde die Schreibweise des Tagebuches beibehalten, die Rechtschreibung jedoch der heutigen angepasst.

Die nichtpaginierten Seiten des Originals werden im Text durch ⋮ gekennzeichnet.

Bedanken möchte ich mich beim Team des Hauptstaatsarchives in Dresden für die wie immer problemlose Bereitstellung der Akten und Genehmigung der Veröffentlichung.

Natürlich möchte ich mich auch bei Ihnen, verehrter Leser, dafür bedanken, dass Sie sich zum Kauf dieses Buches entschlossen haben. Insofern Sie Anregungen und Kritiken haben oder mir einfach nur mitteilen wollen, ob Ihnen das Buch gefallen hat, so können Sie mich via email unter sachsen-titze@t-online.de erreichen.

Ihr

Jörg Titze

Die Erinnerungen[1]

Das Kavallerie-Reserve-Korps des Generalleutnants Latour-Mauburg unter dem sich die Kürassier-Division Lorge befand, biwakierte den 5ten bis zum 6ten September bei einem Dorfe an der Straße nach Jelna – oder Zelna – nach Mosaisk. Diese Division war formiert aus den königl. sächs. Regimentern Garde du Corps und Zatrow-Kürassiers, aus einem polnischen Kürassier-Regiment unter den Befehlen des Oberst, Grafen Malachowsky, welcher es teilweise auf eigene Kosten errichtet hatte, und endlich ⋮ aus dem 1ten und 2ten königl. westphälischen Kürassier-Regimentern. Die letzten 3 Regimenter waren mit blechernen Doppel-Kürassen versehen, das Regiment Zastrow aber mit einfachen eisernen.

Das Regiment Garde du Corps, welches der Verfasser dieser Relation kommandierte, sollte noch Kürasse aus Warschau erhalten, welche jedoch nicht schnell genug hatten gefertigt werden können, weshalb es in der Armee das einzige schwere Regiment war, welches dieser Deckung entbehrte.

Die sächsische Brigade wurde durch den Generalleutnant von Thielmann, die westphälische durch den General-Major Graf Lepel kommandiert.

Die Regimentskommandeure waren: ⋮

---

[1] Die Aufzeichnungen sind betitelt: Die Schlacht von Mosaisk und die ihr folgenden mich später betreffenden Ereignisse d. 7ten September 1812

Oberst Graf Malachowsky, Oberst von Leysser, Oberst von Trützschler und westphälischer Seits Oberst von Gilsa und Oberst Bastinella.

Alle 5 Regimenter waren sehr schön.

Die Garde du Corps bestand aus lauter auserlesenen jungen Mannschaften, welche durchaus mit Rappen beritten waren.

Die Westphälinger waren vorzüglich gut armiert und bekleidet und die Polen hatten die schönsten Pferde.

Das Dorf, bei dem die Division den 5ten biwakierte, war etwa noch 5 Stunden vom Schlachtfelde bei Mosaisk entfernt; es hieß, wenn ich nicht irre, Cosolva.

In den Wirtschaftsgebäuden, wo des General Thielmann Pferde, sowie die ⁑ der Kommandeurs und Stabsoffiziere standen, brach in der Nacht Feuer aus; nur mit vieler Mühe konnte man diese retten, da die Flammen, vom Wind getrieben, allenthalben in den Strohdächern um sich griffen.

Zu keiner Zeit wäre wohl der Verlust dieser treuen Kampfgefährten empfindlicher gewesen, als eben jetzt am Vorabend der Schlacht und hoch erfreut fühlte man sich jetzt, sie geborgen zu wissen.

Wir brachen den 6ten September früh 6 Uhr von diesem Dorfe auf und marschierten in der Richtung nach Mosaisk, nach der großen Moskauer Straße zu rechts ab.

Einzelne sehr hörbare Kanonenschüsse bewiesen, dass wir ohnfern der ⁑ Großen Armee waren, wir eilten daher möglichst, um Teil an ihren Taten zu nehmen.

Der Marsch ging anfänglich größten Teils durch Kiefernwaldungen, endlich lichtete sich die Gegend, wir bemerkten ein großes Dorf, es hieß _____ dessen Kirchturm mit seiner goldenen Kuppel uns zum Leitstern diente. Ohngefähr in einer Entfernung von 1000 Schritt davon, marschierten wir auf einem hochliegenden Stoppelfeld, in mehreren Linien, regimenterweise auf.

Links und rechts, nah und fern bemerkten wir nun viele glänzende Truppenhaufen; die polnischen Ulanen-Regimenter unseres Kavallerie-Korps gingen im Trabe vor, und eine unabsehbare Vorpostenlinie, vor die äußersten Vedetten weit hinaus, gegen die feindlichen ausgesetzt waren, zeigten sich unserm Blick.

Vor uns lag es also, das weite Feld des Kampfes, wo eine halbe Million Krieger aus Süden und Norden im blutigen Gewühl die Entscheidung über das Schicksal der alten Zarenstadt bestimmen sollten.

Eine Siegesnachricht folgte der andern, und gleich der tausendzüngigen Fama berichteten die herbeieilenden Offiziers des General-Stabes immer neue Kriegstaten der Großen Armee; allenthalben hatte Napoleon den Feind geschlagen, Smolensk war gefallen, die Russen hatten während der letzten 12 Tage eine feste Stellung nach der andern verlassen und der gestrige Abend war nach außerordentlichen Anstrengungen durch die Erstürmung einer starken Redoute, welche 9 Piecen Geschütz enthielt, noch verherrlicht worden.

Diese günstigen Ereignisse schwellten unsere Brust weit. Hoffnung, die Überzeugung des glücklichen Ausgangs ward zum unerschütterlichen Glauben, und mit höchster

Ungeduld sahen wir dem nächsten Morgen entgegen, denn dass heute die Schlacht noch nicht beginnen werde berichteten uns die mit Ordres eintreffenden Offiziere.

Es mochte zwischen 10 und 11 Uhr vormittags sein, als die Division sich auf diesen Plateau, welches vermöge seiner Erhöhung die links liegende Gegend beherrschte, aufstellte.

Wir konnten jeden Heerhaufen bemerken, der sich bewegte und gewahrten in der Entfernung von ungefähr ¾ Stunde an dem Rande eines Gehölzes einen weißen Punkt, der, wie man versicherte, des Kaisers Gezelte bezeichnete.

Es blieb den ganzen Tag über ruhig, nur einzelne Kanonenschüsse unterbrachen bisweilen die Stille.

Fourageurs wurden indess abgeschickt, allein bei der hier stattfindenden Anhäufung von Truppenmassen und umher schwärmenden Kosaken, war für heute wenig zu erwarten, jedoch war mein Regiment, ohngeachtet aller früheren Marschanstrengungen, immer noch in einem kräftigen und vorzüg- ⁝ lichen Zustande, und zeichnete sich hierin vor vielen anderen aus.

Bis 3 Uhr nachmittags blieben wir stehen, als dann wurde abmarschiert, um diese Nacht einen andern Biwak zu beziehen.

Die Garde du Corps hatte die Tete der Division, welche Ehre ihr auch während der ganzen Schlacht zuteil war.

General Latour-Maubourg sagte mir später: „Ihre Küraße, Herr Oberst, sind, wie ich bemerke, noch nicht von Warschau eingetroffen. Ich hoffe, sie werden auch ohne diese ihren Ehrenplatz behaupten.".

Die Direktion des Marsches ward links genommen. Nach ohngefähr zurückgelegter Distanz von ¾ ⁞ Stunden machten wir wieder halt, formierten uns regimenterweise in 5 Linien, und bezogen einen lieblichen lichten Birkenwald zum Biwak.

Leider fehlte es uns aber an allem, was zur Nahrung für Menschen und Pferde erforderlich war, und die Fourageurs, welche sehr weit hatten detachiert werden müssen, kehrten erst spät zurück. Ich peinigte meinen Erfindungsgeist, den Mangel zu beseitigen, doch vergebens. Missmutig ob dieser Ratlosigkeit, lag ich eben am Feuer, als ein heransprengender Garde du Corps die frohe Nachricht brachte, dass die Hilfe nicht mehr ferne sei, dass ein schon verloren geglaubtes Requisitions-Kommando ⁞ unter dem Leutnant von Klengel mit reicher Ausbeute an Branntwein, Mehl, Brot und Zwieback pp. sich nähere, und dass der bei dem Regiments-Vivres-Wagen kommandierte Unteroffizier ebenfalls in einer halben Stunde eintreffen würde! – Wahrlich die Auffindung einer Goldgrube würde in diesem Augenblick weniger erfreulich gewesen sein als diese Aussicht, denn hier handelte es sich nur um die Herbeischaffung der dringensten Bedürfnisse der Existenz, dem in dieser ausgeplünderten menschenleeren Gegend kein Gold – dessen relativer Wert sich hier deutlich beurkundete – abhelfen konnte.

Da ein gleichzeitig abgeschicktes westphälisches Kommando erst vor 2 Tagen, ⁞ wie einige Versprengte berichtet hatten, von den Kosaken aufgehoben worden war, so mussten wir befürchten, dass den unsern ein ähnliches Missgeschick zugestoßen sei. – Aber gleich wie der Mannschaft eines verschlagenen Schiffes der Freudenruf: „Land!" neue Hoffnung, Kraft und Leben gewährt, ebenso zeigte sich nun auch ein tumultarisches Treiben von Licht und froher Geschäftigkeit im Regiment, denn seit mehreren Tagen waren die Portionen sehr spärlich gewesen, und an Brot hatte es gänzlich gemangelt.

In keinem andern Stande aber ist wohl Mangel und Elend so leicht vergessen, als in dem des Soldaten; ein Lächeln Fortunas, und schon ⁞ dünkt er sich ihr Liebling zu sein. Er schaut in der Regel keine Spanne weit über sein augenblickliches Bedürfnis hinaus, der Moment ist ihm alles, was kümmert ihn die Zukunft.

Alles machte sich anjetzt um die Feuer zu schaffen und ich benutzte diese Zeit, um die Offiziers und Unteroffiziers in einem Kreis zu versammeln, und mit ihnen über den morgenden Tag und über die Waffentaten, welche von dem 1ten Regiment der sächsischen Kavallerie mit Recht erwartet wurden, zu sprechen.

Die Stimmung, welche ich fand, war herrlich und berechtigte mich zu den kühnsten Hoffnungen, allein ⁞ das Schicksal hatte beschlossen, dass gerade dieser morgende so heiß ersehnte Tag der verhängnisvollste meines Lebens werden sollte; doch ich will den Begebenheiten nicht vorgreifen.

Der Abend war schön und heiter, fast kein Blatt an den ihre Zweige herabhängenden Birken bewegte sich, und nur soldatisches Getümmel unterbrach die Gewitter weissagende Stille der Natur.

Mit frohen und rechten Gefühl überschaute ich die Gegend, wo morgen für Ruhm und Siegeskronen gefochten werden sollte. Sanfte immer steigende Anhöhen, zwischen denen sich jedoch ziemlich ebenes Terrain befand begrenzte die Position des Feindes; bald wurden die Höhen dominierender, und wie die Folge dieser Relation dartun wird, durch bedeutende Abschnitte und Vertiefungen immer schützender für ihn. In doch alle Möglichkeiten und Konjunkturen, welche dem Feinde schaden konnten, dachte ich mir, um für ihn diese Vorteile nutzlos zu machen, und eine freundliche Perspektive öffnete sich meinem Blick. In wenig Tagen würden wir dem besiegten Norden Gesetze vorschreiben, so wähnte ich, und so trügt sich der Mensch. –

Weder auf Glücksträume noch lange Ahnungen dürfen wir bauen, kein Sterblicher vermag nur Minuten voraus, den Fall der Schicksalswürfel zu bestimmen.

Während nun rund um mich her die größte Tätigkeit herrschte, die Feuer lustig emporloderten, Abteilungen in die Tränke ritten, Holz gefällt, und kleine Biwak-Einrichtungen getroffen wurden, überraschte mich ein lieber unerwarteter Besuch, der uns alle in die froheste Stimmung versetzte.

Es war der Major von Ziegler, den ich noch am Styr oder Dnieper wähnte. – Ohnfern von dem Biwak der Division Lorge befand sich sein Regiment, Herzog Albrecht Chevauxlegers; es stand unter der Brigade Domanget, bei dem 3ten Kavallerie-Korps Grouchy, mit der bayrischen Kavallerie vereinigt.

Ach es war unbeschreiblich wohltuend, in dieser wüsten Gegend, in einer uns endlos dünkenden Entfernung vom Vaterlande, ja selbst schon durch einen sehr großen Landstrich von denen übrigen sächsischen Truppen, unter General Reynier, geschieden, auf einmal ein braves herrliches Regiments kampflustiger Landsleute unter diesem Gewühl von Truppen aller Nationen zu finden. Von dieser Stunde an glaubten wir uns auch ungleich weniger in den nordischen Wäldern isoliert und formten hundert Pläne für unsere gemeinschaftliche Zukunft.

Der Major von Ziegler erzählte mir viel von den bisherigen Begebenheiten und dem Gange des Feldzuges, besonders von dem Treffen bei Smolensk. Die sächs. Chevauxlegers hatten die letzte Zeit her ziemlich fasten müssen, besonders was das Brot betraf, an Branntwein hatten sie auch großen Mangel gelitten, an Fleisch aber nur wenig.

In Moskau, der riesigen Hauptstadt der Moskowiter, sollte dies alles reichlich ersetzt werden, - so meinten und wollten wir, und da wir es nun so wollten und alle unsere herrlichen Luftschlösser darauf bauten, so waren wir auch fest davon überzeugt. – Die Straße zur Hauptstadt lag ja breit und eben vor uns; und die feste Stellung der Feinde, hinter der sich Moskau nur in der Entfernung einiger Märsche befand, die sollte und musste mit stürmender Kraft forciert werden, und war das russische Heer einmal geschlagen, woran wir keinen

Augenblick zweifelten, ⁝ was konnte uns da wohl noch abhalten, die reiche große Stadt mit ihrem Kreml zu besetzen, und zu Winterquartieren bestens zu benutzen.

Allerdings irrten wir in dem Einen nicht, die Russen wurden geschlagen und Moskau fiel, allein der erwartete Lebensgenuss, der Friede und die Winterquartiere wurden leider zum leeren Wahn.

Doch ich fahre in meiner Erzählung fort.

Ein sehr frugales Abendessen, welches meinem Brigadier und mir vortrefflich mundete, wurde verzehrt, und sein Adjutant, mein trefflicher Seydewitz, teilte dann später mit mir zum nächtlichen Schlummer meine Baracke. Ach! es sollte sein letzter hienieden sein! Seine melancholische Stimmung hatte ihn schon längst mit dem Gedanken des nahen Scheidens bekannt gemacht, die Seele litt eben so sehr an finstern Vorahnungen, als der Körper an einem schleichenden Fieber; sein Los war geworfen, und sein Tod bewies, dass eine feste unabwendbare Bestimmung unsere Bahn bezeichnet. Dem Befehl des Generals gemäß sollte er wegen seiner Kränklichkeit bei der Equipage zurückbleiben, und das Kommando derselben übernehmen, doch nicht achtend dieser Anordnung hat er, trotz seiner völligen Abspannung, sich aufs Pferd heben lassen, kam schwankend vor Schwäche zur Brigade geritten, und wenige Minuten darauf war er nicht mehr, eine Kanonenkugel traf ihn tödlich. ⁝

Abends 8 Uhr kam der Befehl, dass die Division früh vor 4 Uhr aufgesessen und des Einrückens in die Schlachtlinie gewärtig sein sollte. Um 2 Uhr war daher alles bereits geschäftig, und bald blinkte die lange Reihe der goldenen Helme beim frühen Morgenrot durch das Gebüsch. Kurz darauf erhielt die Division den Befehl zum Abmarsch, welcher rechts stattfand. Mein Regiment hatte die Spitze der Kolonne, und eine bereits vorwärts stehende Kavalleriemasse wurde mir zum Direktionspunkt angegeben.

Hier entwickelte sich die Kavallerie in unabsehbaren Treffenreihen, die Linie der schweren Reiterei bestand aus den schönen polnischen Lancier-Regimentern und rechts neben mir standen die französischen Karabiniers. Sie gewährten einen imposanten Anblick. Gigantische Menschen und Pferde, antike Helme mit roten Büschen und Raupen, Doppelkürasse von gelbem Messingblech; in der Tat man konnte wohl keine schönere auserlesene geharnischte Reiterei sehen.

Eine Stunde blieben wir in dieser Stellung. Ein tausendfaches „Vive l'Empereur" tönte uns zum öftern von den entfernten Heerhaufen zu und mit jeder Minute glaubten wir, dass auch vor unserer Linie der Kaiser Napoleon als Siegesherold erscheinen würde. Jedoch erwarteten wir ihn vergebens, statt seiner kam ein General-Adjutant, welcher eine Proklamation, die heutige Blut- und Siegesarbeit betreffend, an die Truppen überbrachte; das Gewehr wurde aufgenommen, und ihr Inhalt den Mannschaften verdeutscht. Der Kaiser sagte darin: „...dass seine brave Armee heut die große Schlacht schlagen würde, der sie schon lange mit Ungeduld entgegen gesehen hätte, dass die jungen Soldaten eingedenk sein sollten des Schlachtenmutes ihrer älteren Waffenbrüder in den Schlachten von

Austerlitz und Friedland, dass die Analen der Geschichte noch nach Jahrhunderten von den Waffentaten der Großen Armee unter Moskaus Mauern sprechen würden, dass der Sieg uns Bedürfnis sei, uns gewiss reiche Winterquartiere und eine sichere Rückkehr ins Vaterland gewähren würde."

Mit Enthusiasmus wurde dieser Ausruf von der langen Kavallerie-Linie aufgenommen und durch ein jubelndes: „Es lebe er Kaiser!" beantwortet.

Jetzt teilten sich die Linien. Die Division Lorge marschierte durch die Wendung rechts ab, nahm dann etwas rechts vor, und dirigierte sich links; die leichte Reiterei blieb uns von jetzt an stets rechts. Nachdem wir wohl 2.000 Schritte in dieser Richtung zurückgelegt haben mochten, erhielt ich bei einer Anhöhe – dieselbe, wo den 5ten die russische Batterie von 9 Piecen wahrgenommen wurde und wo später der General Montbrun durch eine Kanonenkugel ⁞ getötet wurde – die Ordre aufzumarschieren. Die anderen Regimenter formierten sich in mehreren Treffen hinter mir.

Vor und hinter der Front glimmten noch Biwakfeuer und die Leichname der Gefallenen lagen vor den Rosshufen umher.

Es wurde hier einige Minuten abgesessen, doch bald begrüßten uns feindliche Kanonenkugeln, und das große Trauerspiel begann unter dem Donner des Geschützes. Bald ward das Feuer heftig, es fing an im Regiment Lücken zu machen, besonders in der 3ten Eskadron; des Generals Latour-Maubourg vor dem Regimente aufgestellte Generalswacht wurde so scharf mit

Granaten beschossen, dass der sie ⁞ kommandierende polnische Offizier und eine Menge Leute fielen, die Truppe einen Augenblick auseinander stob, sich aber bald wieder vereinte und ihre Stellung mit Festigkeit behauptete. Das Pferd meines Stabs-Trompeters wurde niedergeschmettert – es war das beste im Regiment, er raffte sich wieder auf, bestieg ein anderes, und wurde 2 Stunden später auf diesem Zweiten selbst erschossen.

Die Bewegungen unserer Armee-Korps wurden nun deutlicher, sie waren meistens nach des Feindes linker Flanke gerichtet, und dies ließ wenig hoffen, bald einen tätigen Anteil an der Schlacht nehmen zu können.

Der Überblick des Ganzen gewährte einen erhabenen Anblick; das Feuer der feindlichen Batterien von den jenseitigen, mit Truppen besetzten Anhöhen, welches gleichsam unsere Front mit einem Glutenstrom umklammern zu wollen schien, die Kolonnenmassen, welche sich der feindlichen Stellung auf verschiedenen Punkten langsam entgegen schoben, ihre Entwicklung unter zahllosem Tirailleur-Feuer, die langen, im Sonnenlicht blitzenden Reihen unserer Krieger, das beginnende Feuer der Infanterie, das heran rasseln der Kanonen, die einzelnen Angriffe der Reiterei, dies Alles formierte ein majestätisches Ganzes, und kein Gefühl ist wohl dem zu vergleichen, welches in der Schlacht ⁞ die Brust des Mannes erfüllt. Wenn rings um ihn her der Tod seine Beute sucht und findet, und er kalt und fest, ihm und der Vernichtung trotzt.

So wie die leichte Kavallerie Boden gewann, folgten wir ihren Bewegungen. Wir nahmen eine 2te und dann eine

3te Position, und interessanter ward mit jedem Augenblick das Bild der Schlacht.

Jetzt kam der König von Neapel, unterdessen Befehlen die ganze Kavallerie stand, vor die Front des Regiments gesprengt, und ritt, von einigen Adjutanten begleitet, die Glieder ab.

Das gewöhnliche Vive pp. – an so einem Todestage en Masse, wahrlich kein unebener Wunsch – erscholl aufs Neue, und der königliche Reiter dankte huldvoll der ihn begrüßenden Schar. Er war ein sehr stattlicher Mann mit ausdrucksvoller, scharfgezeichneter Physiognomie, dem selbst die etwas fantastische Tracht vortrefflich stand; mir dünkte sie wenigstens hier nicht komödiantenhaft, wie neuere Manieren- und Kritikenschreiber sich auszudrücken für gut fanden, auch benahm er sich im Kampfe nicht wie ein Theaterprinz, sondern wie ein Heros, vorleuchtend der Truppe mit unerschütterlichem Mut und kalter Verachtung des Todes. Seine Kleidung bestand in einem grünen, reich mit Gold gesticktem Samt-Rock, nach altfranzösischem Schnitt, pfirsichrot-farbenen Beinkleidern, und Stiefeln reich mit goldenen Fransen verbrämt; auf dem Hute wogten Strauß-federn.

Wir sahen ihn heute zum ersten Male in diesem Feldzug.

Bis hierher war der vor uns liegende Terrain, wegen seiner amphitheatralischen Erhöhung größtenteils zu übersehen gewesen, allein je mehr wir uns der feindlichen Stellung näherten, desto durchschnittener worden, und der Gesichtskreis um so beschränkter.

Wir gewahrten mehrere Attacken französischer leichter Reiterei gegen eine steile Anhöhe, welche in einer noch bedeutenden Entfernung rechst seitwärts vor uns lag; sie misslangen durchaus und mehrere Regimenter kamen in größter Unordnung wieder die Höhe herunter gejagt.

Eine Menge Truppen drängten sich nun nach jener Gegend hin und einige Batterien folgten ihnen, um den abermaligen erneuerten Angriff zu unterstützen.

Man schloss daraus, dass sich hier ein sehr wichtiger Punkt auf der feindlichen Schlachtlinie befinden müsse, und so war es auch, denn in dem Tale vor der erwähnten Höhe und längs des Randes derselben hin lag das Dorf Semenowske[2], und dieses Dorf war, vermöge seiner Lage, gewissermaßen der Schlüssel der Position, der zum öftern mit unsäglicher Mühe und Aufopferung unserer Seits genommen, und von den Russen mit nicht minder großer Anstrengung uns wieder entrissen wurde.

Die polnische leichte Kavallerie blieb uns immer noch rechts, vermutlich ⁞ war sie zu einer Umgehung des linken Flügels bestimmt, diese würde aber wegen des steilen Talrandes nur in einer stundenweiten Entfernung – wie mir später, ein der Gegend sehr kundiger russischer Offizier sagte – haben bewerkstelligt werden können. Ohne Zweifel würde diese Bewegung von glücklichen Folgen gewesen sein, sehr viel Menschen erspart, und eine Diversion bewirkt haben.

---

[2] Semjonowskaja

Links von uns stand eine Division französischer schwerer Reiterei, unter der sich die Karabiniers befanden[3].

Das Feuer auf dem linken Flügel unserer Armee war weit weniger lebhaft, woraus hervorzugehen schien, dass Napoleons vorzüglichstes Augenmerk auf das feindliche Zentrum ¦ und dessen linke Flanke gerichtet war.

Die Reservemassen, welche weit hinter uns außer der Schussweite blieben, und aus allen französischen Garden und Korps d'Elite bestanden, auch in dieser Schlacht nicht ins Gefecht kamen, sollten der allgemeinen Angabe nach, gegen 45.000 Mann betragen.

Obgleich das Regiment sich wohl 3 Stunden in diesen verschiedenen Positionen, unter dem feindlichen Kanonenfeuer mochte befunden haben, so war der Verlust bis hierher dennoch nicht beträchtlich gewesen. Jetzt aber wurde mit halben Eskadrons rechts geschwenkt und durch eine Vertiefung, deren Seiten mit einzelnen Gesträuch bewachsen war, getrabt. Wir verloren dabei bedeutend, denn eine ¦ feindliche Batterie beschoss mit Kartätschen von der linken Seite diese Schlucht; doch ohngeachtet des mörderischen Feuers und des schwierigen Terrains wurde die Ordnung dieses Kolonnenmarsches nicht einen Augenblick gestört. Wir erreichten eine sanfte Anhöhe und schwenkten hier ein, um eine 12pfündige Batterie von 18 Piecen, welche stark beschossen wurde, zu decken.

Das heftigste Feuer, dessen ich mich in einer Schlacht erinnern kann, fand hier statt.

---

[3] Diese standen bei der 4.Kürrassier-Division Defrance (II.Kav.-Korps)

Wir standen in dichten Rauch gehüllt, hinter einem wahren Feuerklumpen, und gewaltig erschütterte der ununterbrochene Donner des Geschützes den Erdboden. Die Rotten wurden sehr gelichtet; General Lepel, Oberst Gilsa und Major Diablonsky, einer der ausgezeichnetsten Offiziere der polnischen Kürassiere – den ich sehr genau kannte und recht sehr schätzte – fielen, General Latour-Maubourg und mehrere meiner Offiziere verloren ihre Pferde und 3 andere wurden blessiert.

Dieser General, den man mit vollem Rechte den Bayard der Armee nennen konnte, denn als Soldat erregte sein Heldensinn, seine kalte Besonnenheit, wenn der Tod um ihn wütete, und sein Anstürmen an der Spitze der Truppen, wenn es galt, Bewunderung, sowie seine Uneigennützigkeit, Teilnahme an fremder Not, und Biedersinn, welche alle seine Handlungen bezeichneten, ihm als Mensch einen hohen Wert gab; dieser General sage ich, blieb mit verschränkten Armen ganz ruhig neben seinem toten Gaul, Befehle erteilend stehen, bis ein anderer ihm gebracht wurde.

Endlich schwieg die feindliche Batterie, sowie überhaupt plötzlich eine kurze Zeit hindurch fast eine gänzliche Stockung im Artilleriefeuer der Russen eintrat; die Ursache soll die gewesen sein, dass der russische Artillerie-General Kaminsky, welcher ihre Operationen leitete, erschossen worden war.

Unsere Batterie war hart mitgenommen worden; 4 Piecen derselben waren demontiert, und die Bedienung lag, ich darf es ohne Übertreibung sagen, schichtenweise aufeinander. Der Batterie-Kommandant, ein ernster Mann, wie man deren unter den neuern Franzosen so viele findet, versicherte mir, dass die Mannschaft bereits zum dritten Mal ersetzt worden sei.

Das Regiment hatte hier von früh 6 Uhr an ganz meinen Erwartungen entsprochen, es stand, obgleich die feindlichen Kugeln so manche blinde Rotte machten, in fester Ordnung gerichtet, wie auf dem Revueplatz. Die größte Ruhe herrschte in den Gliedern, kein Drängen, nicht einmal eine Bewegung war bemerkbar.

Der praktische Offizier weiß eine solche feste dauernde Haltung im wirksamen ⋮ Kanonenfeuer zu würdigen. Auch General Latour-Maubourg sprach manches erhebende Wort darüber.

Jetzt, da eine Pause eingetreten war, suchte Jeder mit spähenden Blick seinen geliebten Kameraden, seinen Freund Waffenbruder, und erschaute er ihn, so ward die reinste Freude in den Zügen sichtbar. Ich ehrte und liebte jeden Einzelnen dieser braven Leute, und auch mir, der ich als Jüngling in diesem Regiment meine militärische Laufbahn begonnen hatte, ward ihr Vertrauen und ihre Liebe zu teil.

Manchen einzelnen Zug konnte ich zum Beweise aufführen, und diese herrliche Truppe – ach nach wenigen Monaten sollte sie gänzlich und ⋮ auf immer vernichtet sein! Schon an diesem Tag schmolz sie bis auf weniger als ein Dritteil zusammen.

Sehr günstig war es bei der heißen Arbeit, die uns noch bevorstand, dass es nicht an Stärkungsmitteln fehlte, jeder Mann hatte früh noch eine reichliche halbe Kanne Branntwein und etwas Zwieback gefasst, doch ich kann mit Wahrheit sagen, keinen sah ich betrunken[4], und obgleich die Offiziers, sowie auch die Mannschaft, aus jungen Leuten bestanden, so glaubte man doch in Ihnen Veteranen an Brust, Haltung und Festigkeit zu erblicken.

Es herrschte ein herrlicher Geist unter diesen Braven, sie waren würdig, als eine Elite der sächsischen Armee betrachtet zu werden. ⁞

Wir blieben auf dieser Anhöhe wohl eine Viertelstunde stehen, und befürchteten schon, zu keiner glänzenden Waffentat mehr abgerufen zu werden, keine Lorbeeren mehr ernten zu können, doch der General Latour-Maubourg hatte während diesem Stillstand nur fernere Verhaltensbefehle erwartet und indeß den vorliegenden Terrain besichtigt. Endlich kam die Ordre, mit halben Eskadrons wieder rechts abzuschwenken, und dann etwas links vornehmend uns nach dem Defilee zu dirigieren, in welchem längs eines kleinen Baches das Dorf Semenowski lag.

Die Kolonne setzte sich in Trab; vor mir lag in der Entfernung von ungefähr 1.000 Schritt der steile Talrand, ⁞ welcher bereits so manchen Angriff hatte scheitern machen, und in der linken Flanke wurde ich fortwährend stark beschossen; das Dorf selbst stand in Flammen, glühende Balken lagen umher, Dächer und Wände stürzten ein, doch was hätte uns, die wir das Schicksal des Tages an die Erstürmung diese Höhen gefesselt

---

[4] Eine Dresdner Kanne fasste 0,9356 Liter, eine reichliche halbe Kanne somit gut 0,5 Liter.

glaubten, abhalten können, alles zu versuchen, was physische Kraft, Ausdauer und Mut nur möglich machte, um unseren Zweck zu erreichen.

Wir arbeiteten und bald rechts, bald links Feld gebend, bald wieder abbrechend, und über die mancherlei Hindernisse hinwegsetzend, durch das Dorf und kletterten die Anhöhe, welche einem einzelnen Reiter Mühe genug machte, hinan. Die Kolonne bewerkstelligte dies in halben Eskadrons und so kamen wir bis an einen Weg, welcher sich längs der Abdachung des Ravins hinzog.

Über zwei Dritteile der Höhe waren nun zurückgelegt, und hier ließ ich die halbe Eskadron Posto fassen und befahl noch ihr den Aufmarsch in Linie. Indeß bekam ich während diesen Aufmarsch, kein eben so viel Schaden verursachendes Feuer, denn der Rand des Ravins war von den Russen unbesetzt geblieben und fast alle ihre Schüsse gingen zu hoch; allein die 3te und 4te Eskadron litten durch das Flankenfeuer des Feindes während sie deployierten außerordentlich, denn die vielen Terrain-Hindernisse, die zusammengestürzten Pferde pp. hielten sie sehr auf.

Während diese Formierung mit großer Anstrengung, unter den tätigen Mitwirken der Abteilungs-Kommandanten ausgeführt wurde, sprengte ich die Höhe vollends hinan, um zusehen, was uns oben für Truppen entgegenständen. In demselben Moment aber kam ein französicher Offizier zu mir gejagt und rief: *„Colonel! Vous trouverez la haut deux regiments de l'Infanterie Russe depêchere vous de les attaquer, on tout perdu!"*.

Als ich den Rand vollends erreichte, überzeugte ich mich vollkommen von der dringenden Notwendigkeit eines raschen Angriffs, denn hinter der feindlichen Infanterie, welche teilweise in Karrees formiert stand, und eine Batterie auf ihrer rechten Flanke hatte, kamen immer noch mehrere Truppen zur Unterstützung heranmarschiert.

Alles war nun meines Bedünkens daran gelegen, diesen Verstärkungen zuvor zu kommen, und die noch nicht im Karrees stehenden Regimenter zu hindern, sich völlig zu formieren, sie mussten daher ohne zaudern angegriffen werden.

Ich sendete zugleich meinen Ordonnanz-Offizier, den Leutnant Qualen, an den General-Leutnant Thielmann, welcher bei einem andern Regiment der Brigade war, ließ ihm melden, wie es stünde, und das ich soeben attackieren würde. Da ich indeß gewahr wurde, dass die 4te Eskadron durch das Flankenfeuer der feindlichen Batterie und die vorgefundenen Hindernisse sehr in Unordnung geraten war, und sich nur langsam und mit vieler Mühe wieder ordnete, so ließ ich dem Major von Hoyer zugleich befehlen, mir, wenn seine Eskadron wieder formiert sein würde, in Reserve geschlossen zu folgen. Doch in diesem Augenblick kam der General Thielmann selbst, und ich erstieg den Rest der Höhe mit 3 in Linie formierten Eskadrons, um den Angriff auszuführen.

Schwerlich würden wir trotz unseres festen Willens hinan gekommen sein, wenn nicht die Russen – wie ich bereits bemerkte – den Fehler gemacht hätten, sich etwas weit rückwärts von dem Rand des Ravins aufzustellen.

Die erste Eskadron hielt sich, sobald wir auf dem Plateau waren, etwas rechts, nahm dann rechts vor und griff die links stehende russische Infanterie an. Diese Abteilung wurde von den Gen- ⸱ eral Thielmann persönlich geleitet. Ich selbst attackierte mit der 2ten Eskadron und mit der 5ten halben das Zentrum und den linken Flügel.

Der Feind ließ uns mit vieler Zuversicht bis 40 oder 50 Schritte heran und gab dann eine Salve, allein die Pferde waren im Laufen, die Sporen scharf, der Wille eisern und Ehre und Ruhm erwartete uns in der Schlachtlinie der Russen, kurz wir drangen unaufhaltsam ein, und warfen alles vor uns nieder. Selbst in dem grässlichsten Gewühl schoss noch jeder einzelne Infanterist der Russen und erst, als sie niedergehauen waren, hörte das Feuer auf.

Die feindliche Batterie wurde zugleich auch genommen und mehrere Kanonen zurückgebracht. ⸱

Der Boden war mit Feinden bedeckt, denn kein Pardon war gefordert noch gegeben worden.

Die Eskadrons, so den Angriff hatten, waren, wie dies bei solchen Gelegenheiten fast immer zu geschehen pflegt, auseinander gekommen, und die Mannschaften der 4ten waren, ohngeachtet meines Befehls geschlossen zu folgen, einzelnen nachgejagt.

Dasselbe hatten mehrere Abteilungen von Zastrow Kürassiers getan; was den Ravin erklettert hatte, stürzte sich in das Schlachtgetümmel, denn keiner von diesen braven Männern wollte zurückbleiben. Alles war daher in lauten Gemisch untereinander, und Ordnung herzustellen tat Not.

Als ich mich nun eben mit dem Rail - ͉ lieren des Regiments beschäftigte – welches keine leichte Arbeit war, besonders da uns eine, in unserer linken Flanke platzierte feindliche Batterie recht fleißig begrüßte – zeigte sich ein feindliches Dragoner Regiment, welches aus einem lichten Birkengehölze in schönster Ordnung auf uns in Front avancierte.

Kein Augenblick durfte verloren werden, man musste sich schleunigst formieren, um dem feindlichen Angriff zuvor zu kommen, und mit Vergnügen bemerkte ich, dass dies an jetzt binnen weniger Momente bewerkstelligt wurde, statt das vorher das Blasen der Trompeter und Rufen der Offiziere seinen Zweck verfehlt hatte.

Bei allen Gelegenheiten war ich bemüht gewesen, die Offiziers und Mann - ͉ schaften auf die Wichtigkeit des schnellen Raillierens aufmerksam zu machen und besonders darauf, dass schwere Kavallerie wo möglich immer in Masse agieren müsse, indem hierin ihre eigentliche Stärke und Furchtbarkeit bestehe. Überzeugt von der Wahrheit dieses Grundsatzes drängte sich nunmehr alles in Reih und Glied. Ich trabte den russischen Dragonern /: man sagte mir, es seien die Smolenskischen – sie hatten gelbe Aufschläge :/ entgegen attackierte hierauf ganz kurz, aber mit Impetousität und warf sie zurück.

Allerdings wäre recht sehr zu wünschen gewesen, dass die 4te Eskadron sich noch geschlossen in Reserve hinter mir befunden hätte, denn mit den schon ermatteten Pferden, war das völlig ⁞ aufgelöste Nachhauen des Regiments, welches nunmehr eintrat, sehr gefährlich, allein eines Teils war es bei dem schnellen Formieren und augenblicklichen Angriff unmöglich geworden, alle die nötigen Maßregeln hinsichtlich eines Replipostens und der übrigen Verhaltensbefehle zu treffen und der Major von Hoyer passte zu allem andern weit mehr, als zum Kommandant der Reserve, andernteils waren durch den langen Kampf die Mannschaften in einem schwer zu bezähmenden Grad der Exaltation und Wut geraten und zu den erforderlichen Signals fehlte es noch überdies an Trompetern; mehrere von ihnen waren niedergeschossen worden, andere konnten mit ihrem Pferd nicht mehr fort und mein ⁞ eigener Stabstrompeter war bereits bei dem letzten Angriff geblieben.

Ich selbst trug auch wohl einen Teil der Schuld, und muss gestehen, dass Leidenschaft mich zu rasch verfahren ließ, und die einem Kommandeur so nötigen Regeln der Vorsicht und Klugheit vergessen machte; übrigens war ich der festen Überzeugung, dass ich im Rücken durch die beiden westphälischen Regimenter der Division vollkommen gedeckt sei, und dass es sich in der Front hauptsächlich nur darum handelte, Terrain zu gewinnen.

Wäre der Kavallerie-Angriff auf der Höhe von Semenowsky hinlänglich mit Infanterie und Artillerie unterstützt worden, so hätte diese Ansicht wohl auch ohne Zweifel viel Wahres gehabt, ⁞ denn wie es sich später dartat, so waren wir bereits bis ohnfern der Moskauer großen Straße und des feindlichen Reserve-

Artillerie-Parks vorgedrungen, weshalb uns auch der Feind hier alle nur irgend disponiblen Truppen entgegen und in die Flanke warf.

Früher hatte der russische Oberfeldherr, der es für nicht wahrscheinlich gehalten haben mochte, dass diese, mit einigen Regimentern Infanterie und dem nötigen Geschütz besetzte, steile Anhöhe von uns genommen werden könnte; außer denen in der Reserve erforderlichen Truppen, nur wenig hier in der Reserve stehen lassen, sondern sie vielmehr auf anderen Punkten verwendet. Die Herbeiziehung derselben verursachte einigen ⁞ Aufenthalt, und die uns folgende Infanterie hätte hinlänglich Zeit gehabt, sich zu entwickeln und Boden zu gewinnen. Meiner Überzeugung nach wäre das Resultat dadurch weit schneller herbeigeführt und ungleich entscheidender gewesen; nur einer Kolonne von 8.000 Mann Infanterie und einiger leichter Batterien bedurfte es und wir drangen unaufhaltsam bis zur großen Heerstraße vor und durchschnitten dadurch die feindliche Rückzugslinie nach Moskau.

Doch ich fahre in meiner Relation fort.

Während dem Verfolgen war der Major von Hoyer an mich herangekommen; wir bemerkten einen mit vielen Orden geschmückten russischen Offizier; ich hielt ihn für den Kommandeur ⁞ der feindlichen Dragoner, und wir richteten den Lauf unserer Pferde auf ihn zu. Hierdurch hatten wir uns von dem Gros der Truppe entfernt, welches sich, wie ich später durch meinen Adjutanten, den Leutnant von Feilitzsch erfuhr, in eine Terrain-

Vertiefung rechts geworfen hatte, da es in ein heftiges Feuer geraten und auf frische Truppen gestoßen war.

Bloß einige Ordonanzen und vorzüglich gut berittene Leute hatten uns bisher folgen können. Wir erreichten bald den feindlichen Offizier, allein ich bemerkte auch zugleich, dass ich mich mit meinem kleinen Häuflein ganz isoliert befand. Ich beschloss daher mich wieder an das Regiment heranzuziehen, und eines Trompeters von Zastrow ansichtig werdend, ließ ich zum Raillieren blasen. Der Major Hoyer, mein Adjutant und Rittmeister Meerheim, der sich auch an mich anschloss, bemühten sich möglichst, mich hierbei zu unterstützen. Wir sammelten nun in der Eile ohngefähr 30 Mann, und in der Voraussetzung, dass ein Teil der Division noch in meinem Rücken in Reserve stehen müsse, beschloss ich mit diesem Trupp mich an diese heranzuziehen.

Indem ich dem Leutnant von Feilitzsch noch einige Befehle gab, traf eine Kanonenkugel sein Pferd in die Dünnung und riss es nieder. Dieses Pferd hatte ich früher besessen, und sonderbar war es, dass in der österreichischen Kampagne ich mich beim Abmarsch des Regiments, wie ich als Flügel-Offizier das Zeichen zum Säbelziehen gab, durch das Neigen desselben Pferdes, in den Arm bedeutend verwundete. Nachher hatte es mir noch viele nützliche Dienste geleistet.

Ich sah den guten Feilitzsch nicht wieder, zwar hatte er sich zu Fuß zu dem übrigen Teil des Regiments gerettet, allein ein späterer Lanzenstich ins Rückgrat endete noch an demselben Tage dieses hoffnungsvollen jungen Mannes Leben. Drei Pferde waren in wenigen Stunden unter ihm erschossen worden, und wohl verlor das Regiment in ihm einen sehr vorzüglichen Offizier. Er war der einzige von 13 Kindern übrig gebliebene Sohn des General-Leutnants von Feilitzsch. Dieser treffliche junge Mann hatte die russische Kampagne nur aus reinem Ehr- und Pflichtgefühl noch mitmachen wollen, und verließ daheim ein junges Weib in gesegneter Hoffnung, so wie noch manche heitere Aussicht einer glücklichen Zukunft.

Sein Verlust, den ich erst später erfuhr, tat mir sehr weh, ich liebte ihn wahrhaft väterlich, und auch er hing mit ganzer Seele an mir.

Indem ich mich mit Hoyer und der übrigen Mannschaft retirierte machten einige Leute uns aufmerksam, dass das Regiment Zastrow in der Entfernung von mehreren hundert Schritt bereits wieder formiert stehe.

Es war sehr staubig, jedoch bekräftigte Hoyer, welcher ein scharfes Gesicht hatte, dasselbe, und uns völlig sicher wähnend, sprengten wir nunmehr auf unsere vermeintlichen Waffenbrüder zu.

Doch! welche schreckliche Täuschung, es waren Russen! Als wir fast ganz heran waren, gewahrten wir es erst an den Helmen und dunklen Aufschlägen. Sehr schwer waren allerdings diese russischen Kürassiers von den Zastrow'schen zu unterscheiden, und noch zu mehreren unglücklichen Verwechslungen hatten an diesem Tage die Ähnlichkeit der Kürasse und Bekleidung mit genanntem Regiment Veranlassung gegeben.

Seitwärts war kein Weg mehr offen, hinter uns der Feind – es galt einen raschen Entschluss; ich fasste ihn ohne Zögern, indem ich mich bestimmte, mit meinem Trupp auf eine breite In- tervalle zu stürzen, mich womöglich durchzuhauen, und dann Feld zu gewinnen. Ich ritt ein vorzüglich rasches Pferd, einen Siebenbürger Rappen, Major Hoyer war ebenfalls gut beritten, und die Leute welche uns folgten, brav und entschlossen; dies alles gab Hoffnung, den Knoten noch glücklich zu lösen, doch leider bleib sie eine der vielen hienieden unerfüllten; anders war es über mich beschlossen.

Ich hatte mich, ohngeachtet einiger empfangener Wunden, bereits fast durchgearbeitet, und gewahrte schon freien Raum vor mir, als mein Pferd auf einmal matt wurde /: ein Schuss hatte es in den Hinterschenkel getroffen :/ und mir den Dienst versagte.

Indem ich mich auf der rechten Seite noch verteidigte, erhielt ich links zwei Kopfhiebe; ich gewahrte in diesem Moment auch noch den Major Hoyer, dem das Blut über die Stirne lief, und zwei meiner Leute, allein ein Stich in die linke Kinnlade, und noch ein Hieb auf den Kopf machten, dass ich betäubt vom Pferde sank, mir die Augen dunkel wurden, und ich nichts mehr sah und fühlte.

Ziemlich lange mochte ich wohl in dieser Bewusstlosigkeit gelegen haben, denn als ich durch einen heftigen Schmerz in der rechten Seite erwachte – einer der Plünderer hatte durch einen Stich sich wahrscheinlich überzeugen wollen, ob ich noch lebe oder wirklich unter die Toten zu zählen sei – sah ich kein feindliches

Regiment mehr, wohl aber einzelne russische Kürassiers, welche beschäftigt waren mir das Kollet pp. herunter zu reißen. Hals und Brust ⋮ waren mir sehr beengt, krampfhaft schienen sich alle Nerven zusammenzuziehen, kaum konnte ich noch atmen, mein Zustand dünkte mir rettungslos, und ich zürnte mit dem Geschick, dass es meinen Todesschlaf unterbrochen, und mich noch zu einem kurzen qualvollen Dasein aufgespart zu haben schien.

Nachdem man mir das Halstuch herunter gezogen hatte, riss einer der Plünderer so heftig an dem, an einer starken Schnur befestigten Augenglas, dass ich bei dem ohnedies so angeschwollenen Hals zu ersticken glaubte.

Ein alter Kürassier, dessen Haar schon silberte, mit gutmütiger sanfter Physiognomie und Blick, brachte endlich auf vieles Zureden einige seiner Kameraden, die eben nicht in der Stimmung zu sein schienen, ⋮ mir Pardon geben zu wollen, zur Seite.

Er machte mir durch Zeichen verständlich, ob ich keine Uhr hätte, und glücklicherweise war diese in den Unterbeinkleidern noch unentdeckt geblieben. Ich hatte nämlich früh nach Vorlesung der Proklamation sie fallen lassen, das Glas derselben zerbrochen, sie in ein Papier gewickelt, und in die Untertasche gesteckt.

Dieser Kürassier war trotz seines niederen Standes, und rauen Äußeren, ein seltener, trefflicher und teilnehmender Mann, und ich bin fest überzeugt, dass er auch ohne alle Beute, eben so menschlich und schützend für mich würde gesorgt haben; dies bewies auch sein späteres Betragen, wo er von seiner Sorgfalt für mich, keinen

Vorteil mehr erwarten konnte. Er fasste mich in seine Arme ⁝ um mich vor den Angriffen einiger seiner Kameraden sicher zu stellen, gab mir durch jede Miene und Bewegung sein lebhaftes Mitleid zu erkennen, suchte das den Wunden entfließende Blut zu stillen, wandte alles an, um mich zu beruhigen, rufte noch einen zweiten Kürassier herbei, und führte mich mit dessen Beihilfe sanft und mit Vorsicht aus dem Haufen der Leichen, seitwärts nach einem Busch. Mehrere andere Reiter folgten uns trotz seiner Abmahnungen, und besonders zeichnete sich einer durch sein wütendes Benehmen gegen mich aus, denn immer hielt er mir die gespannte Pistole vor die Stirne; wahrscheinlich mochte er bei der Teilung meines Mobiliars leer ausgegangen sein. Umsonst rief der Alte: „C'est general!" jener wurde ⁝ nur noch heftiger. Endlich gewahrte der Alte einen jungen Offizier und ließ sein lautes: „C'est general!" abermals laut ertönen, worauf dieser sogleich heran ritt. Er sprach französisch, war Leutnant bei dem Ordenschen Kürassier-Regiment, hieß Naumann und erkundigte sich bei mir nach allen Details. Denen sich herandrängenden Kürassiers befahl er, sogleich zu ihren Eskadrons zu reiten, alle gehorchten sofort, bis auf jenen, ich möchte fast sagen, Rasenden, welcher nur durch Klingenhiebe entfernt werden musste. Gewiss bin ich diesem menschenfreundlichen Offizier, so wie dem alten Kürassier den größten Dank schuldig, denn ohne diese beiden braven Leute, wäre ich wohl schwerlich lebend vom Schlachtfeld gekommen. Der Alte verband mir nun den Kopf mit ⁝ einem Tuche, hob mich auf ein zweites Pferd, nahm es am Zügel und führte mich mit Umsicht und Geduld durch das leichte Birkengebüsch. Begegnete er armierten Bauern, welche man als Reserve-Milizen und Transport-Eskorten und Bewachung der Gefangenen brauchte, so ritt er immer abwärts und gab mir zu verstehen, es sei gefährlich in ihre Hände zu fallen. Ich wurde sehr schwach und konnte mich kaum mehr auf dem Pferd erhalten, doch er redete mir unaufhörlich zu, nur nicht den Mut zu verlieren und rief zum Öfteren: „Hauptquartier nie daleko", dass hieß, wie ich hernach erfuhr, dass das Hauptquartier nicht mehr weit entfernt sei.

Mein Helm, den er erbeutet hatte, schien ihm besonders viel Freude zu machen, wahrscheinlich glaubte der gute Mann : er sei von Gold und sichere ihm eine sorgenfreie Existenz für sein Alter.

Nachdem wir ungefähr eine halbe Stunde geritten sein mochten, kamen wir bei einigen einzelnen an der großen Heerstraße gelegenen, zu einem anderen Dorf gehörigen Häusern an. Das Dorf, zu dem diese isolierten Höfe gehörten, hieß ………………

Mehrere Reihen Kanonen und sehr viel Pulverkarren standen hier noch in der Reserve und einige Bataillons Milizen – die sich wohl auf 4.000 Mann belaufen konnten – dienten ihnen zur Deckung, außer diesen gewahrte ich keine weiteren disponiblen Truppen.

Der Anblick dieser russischen Landwehristen ist wirklich furchtbar, denn hätten : sie anstatt der dunkelbraunen und grauen langen Kutten, Felle umgehabt, so hätte man sie nicht füglich von Wilden unterscheiden können;

bei vielen war das Gesicht so behaart, dass man nichts als Nase und Augen gewahrte.

In der Folge hatte ich Gelegenheit, diese Söhne des Waldes und der Steppe in all ihrer Eigentümlichkeit betrachten und bestaunen zu können, jetzt aber fand ich mich in einer zu großen Schwäche und Abspannung, um Sinn und Kraft dafür zu haben.

Bei einem ziemlich ansehnlichen, jedoch nur aus einem Erdgeschoss bestehenden Hause hielt mein Führer an. Die Ambulanz befand sich hier.

Ich wurde in eine Stube geführt, wo sich mehrere blessierte Offiziers befanden, die verbunden wurden. Ein anwesender Stabsoffizier unter ihnen sprach geläufig deutsch, benahm sich sehr leutselig gegen mich, und versicherte mir, dass der anwesende Wundarzt mich auch recht bald verbinden würde. Besonders aber äußerte viel Teilnahme an meinem Schicksal ein junger Schweizer namens Bernhardt, sein Name ist mir tief im Gedächtnis geprägt geblieben. Er war nicht Militär, sondern Privat-Sekretär bei einem russischen Fürsten, und machte sich sogleich selbst auf den Weg, um einen zweiten Oberarzt zu meiner Behandlung zu holen, da es mit dem Verbinden zu langsam mit dem einen hier anwesenden herging.

Indessen wurden immer mehr blessierte russische Offiziere herbeigebracht; sie versicherten einstimmig, die Schlacht würde einen günstigen Ausgang für sie nehmen, schon seien mehrere Batterien erobert worden und mein König – sie hielten mich, weiß der Himmel warum, für einen der Adjutanten Murats – sei gefangen.

Endlich hatte der Schweizer einen Ober-Divisions-Chirurgus gefunden; es war Zeit, denn kaum konnte ich mich mehr halten, da besonders eine Stichwunde an der linken Kinnlade mir viel Blutverlust verursachte, indem ein Blutgefäß durchstochen war.

Der Wundarzt, ein geborener Württemberger, war ein lieber hilfreicher Mann; obgleich er sich im höchsten Zorn über unsere Politik und unseren Zug nach Norden ausließ. Alle, alle! zusammen, rief er aus, wünschte ich so zusammengehauen ׃ und geschossen, dass ich sie hier unter meinem Bindezeug hätte, und dennoch, trotz aller dieser harten Äußerungen behandelte er mich mit der lobenswertesten Aufmerksamkeit, wusch sorgfältig das Blut ab, heftete und umschnürte mich auf allen Seiten, und versicherte dass keine meiner Wunden – ich hatte 4 am Kopf und 3 am Körper – tödlich sei, wenn anders sich nicht besondere Zufälle einstellten. Der Mantel, den ich über die Schulter und Unterleib gewickelt hatte /: welche Maßregel in dem ganzen Regiment ergriffen und von außerordentlichem Nutzen gewesen war :/ hatte mich sehr geschützt, denn durch ihn war das tiefe Eindringen der Stiche verhindert worden, und auch meine Schreibtafel – die der alte Kürassier ׃ zur Beute gemacht, aber wegen der darin befindlichen Schreiberein abgeliefert hatte – hatte einen auf die linke Brust gerichteten Stich aufgefangen, die Säbelklinge war von dem harten Leder abgeglitten und durch den Oberarm gegangen. Am meisten schmerzte mich der Hals und die Brust, vermöge der erhaltenen Kontusionen von Pferdetritten, von denen man noch die Merkmale lange Zeit recht deutlich sehen konnte, welche die Stollen der Hufeisen zurückgelassen hatten.

Kaum war ich verbunden, so wurde ich ohnmächtig. Der teilnehmende junge Schweizer hatte mich auf einen Bund Heu hinter einem Gatter in die Ecke der Stube tragen lassen, und hier schlummerte ich sogleich ein.

So mag denn auch der Übertritt aus diesem Leben sein, den die Meisten sich gewiss schmerzlicher denken, als er wohl ist. Als ich vom Pferde gehauen wurde, fühlte ich bloß eine allgewaltige Erschütterung im ganzen Körper, der Kopf wurde mir so schwer, ich vermochte nicht mich zu halten, Dunkel umgab mich und ich versank in einem dumpfen Schwindel. Noch weiß ich mich zu erinnern, dass ich im Hinabfallen dachte: Nun ist's für dieses Leben beendet! Hätte ich als dann später noch mehrere und selbst tödliche Wunden erhalten, so würde ich sie eben so wenig, als das über mich Hinwegreiten der Kürassiers gefühlt haben.

Wie lange ich auf diesem Heubund lag, kann ich nicht genau bestimmen, ich denke aber, nach der späten Tageszeit, wo ich in Mosaisk ankam, dass es wenigstens eine Stunde gewesen sein muss.

Durch ein heftiges Rütteln ward ich aufgeweckt; es war wieder der junge Schweizer, mein Schutzengel, welcher mir zurief, sofort aufzustehen. Ich kann nicht, war meine Antwort, ich bin kraftlos und gelähmt, überlassen sie mich meinem Schicksal! Nein! rief er, sie müssen auf, versuchen sie ihre äußersten Kräfte, jeder Verzug bringt Gefahr, in wenigen Minuten ist ihre Rettung zu spät, schon brennt die eine Seite des Hauses, und bald liegt das ganze Dorf in Asche! Der junge treffliche Mann fasste mich nun mit dem Kürassier unter die Arme, und schob und trug mich vor das Haus. Hier blieb er bei mir und sendete den Anderen nach einem Wagen, um mich darauf nach Moskau transportieren zu lassen. Glücklicherweise hatte ⁞ dieser noch einen zweirädrigen Wagen gefunden, auf dem bereits ein verwundeter russischer Offizier lag; später stieg noch ein am Fuß blessierter Soldat darauf, und wir fuhren unter den besten Wünschen meines neuen Freundes, den ich leider nicht wiedersehen sollte, ab.

Mein Lager auf diesem Karren war höchst beschwerlich, jeder Stoß verursachte mir stechende Pein, und die Schmerzen, welche ich auf allen Seiten des Körpers empfand, waren fast nicht zu ertragen.

Die ganze breite Heerstraße nach Mosaisk war mit solchen zweirädrigen Karren bedeckt, die teils Blessierte zurückbrachten, teils Fourage und andere Vorräte abfuhren, auch begegnete mir ein großer Train Artillerie, doch ⁞ bemerkte man auch nicht die geringste Unordnung oder Unruhe dabei. Ich glaubte, dass hinsichtlich der ordnungsvollen Retraiten, es nicht leicht eine andere der Russischen gleichtun möchte; hinter Moskau ward mir dieses noch deutlicher.

Der Kürassier, mein schützender Genius, blieb mir immer zur Seite; ein anderer schwer verwundeter Kamerad hatte sich zu ihm gesellt, und auch diesen unterstützte der wahrhaft edle Krieger zum öfteren. Noch sehe ich ihn den würdigen Veteran, seinen gutmütigen Blick, seine Herzlichkeit, seine rege

Teilnahme, die sich in seiner Physiognomie ausdrückte; alles dies, jeden seiner Züge wollte ich treu und treffend schildern, wenn ich des Zeichnens kundig wäre.

Könnte ich ihm doch meinen innigsten ׃ herzlichsten Dank durch Taten, und nicht allein durch dankbare Reminiszenzen beweisen.

In Mosaisk ließ ich ihn bitten, mir seinen Namen und Verhältnisse aufzuschreiben oder aufschreiben zu lassen und versprach ihm nach meiner Rückkehr nach Sachsen ein ansehnliches Geschenk zu übersenden; doch er unterließ es, und so ward mir denn die Erfüllung einer mir so teuren Pflicht unmöglich.

Während der Zeit, dass dieser brave Mann seinen Kameraden Hilfe leistete, hatte ein Reitknecht, der wieder auf eine andere Art geschäftigt war, sich an den Karren geschlichen, und mir die silbernen Sporen abgeschnallt, das einzige Gut, welches mir noch von einigem ׃ Werte geblieben war. Wäre der Alte nicht noch a tempo erschienen, so hätte er sich wahrscheinlich auch die Stiefel zugeeignet, da er nach seinen Mienen und Kopfschütteln zu schließen, in der Meinung stehen mochte, dass ich hienieden mich nicht mehr viel des Marschierens befleißigen würde.

Nach einem langsamen, mir endlos dünkenden Zuge kamen wir gegen Abend in dem Städtchen Mosaisk an. Unzählige Wagen mir Blessierten füllten die breite Straße, welche zum Marktplatz führte, und der ferne Donner der Kanonen hallte vom Schlachtfeld noch herüber und begleitete ihr Gewimmer.

Während der Kürassier an einen der befehlenden Offiziere heran ritt und ihm meinetwegen Meldung machte, kamen mehrere Andere gesprengt und brachten, wie ich aus ihren Bewegungen schloss, einem anwesenden General unerwünschte Nachrichten über den Hergang der Schlacht.

Stiller Ernst zeigte sich auf allen Gesichtern. Alles war einsilbig und düster, und jeder war nur mit der Erfüllung seiner Obliegenheiten beschäftigt.

Einer der anwesenden Offiziers, ein gefälliger junger Mann, dem die Unterbringung der Blessierten übertragen war, bezeichnete ein Haus, an welches uns der Wagen führen sollte. Wir stiegen aus und Jammern und Wehklagen tönte uns schon an der Schwelle aus den Zimmern entgegen. Wir befanden uns in der Ambulanz. Eine Menge Unglücklicher mit zerschmetterten Gliedern lagen umher harrten der Amputation, und die bedeutende Menge der bereits abgetrennten Arme und Beine war ein Beweis der schrecklichen Wirkung des französischen Geschützes.

So sehr abgespannt ich mich auch fühlte, so war diese neue Szene des höchsten menschlichen Jammers mir dennoch erschütternd. Man wies mir einen Winkel an und sagte mir, ich sollte hier warten, bis die Reihe der chirurgischen Hilfe mich treffen würde.

Wahrscheinlich hielt man mich auch für einen Zerstümmelten, und meine mir noch gebliebene Bekleidung ließ in der Tat nicht vermuten, dass ich ein Adjutant des Königs von Sachsen und Kommandant seiner Reiter-Garde sei.

Das ganze zerfetzte und mit Blut bedeckte Kollet, welches man mir wieder gegeben hatte, trug ich auf dem Arm, da ich es nicht wieder hatte anziehen können; mein übriges Kostüm aber bestand in einer Flanellunterweste und einem alten Garde du Corps Mantel, der mir im ersten Dorfe umgeworfen worden war. Die Kopfbedeckung fehlte mir gänzlich, und Gesicht und Stirn waren mit Bandagen umwickelt. Nur mit Mühe konnte ich Worte hervorbringen, denn jeder Laut verursachte mir heftige Brust- und Seitenschmerzen, auch war der Hals vermöge der Pferdetritte so angeschwollen, ⁞ dass ich erst nach 14 Tagen den Kragen am Hemde wieder zusammenbinden konnte.

Ohngeachtet all der Leidensszenen, ohngeachtet all des lauten Wehklagens und des herzzerschneidenden Gewimmers, welches mich hier umgab, war ich dennoch binnen weniger Minuten eingeschlafen, denn ich unterlag einer völligen Erschöpfung, und nur in einer Art von matten schweren Taumel wurde ich von einem Orte zum anderen gebracht. Durch ein heftiges Rütteln ward ich jedoch wieder geweckt, es war mein trefflicher Kürassier, welcher mich aufstehen ließ, um mich zu dem General zu bringen, denn vergebens war er bis jetzt bemüht gewesen, mir in der vom Militär und Blessierten angefüllten kleinen Stadt ein Quartier zu verschaffen. ⁞

Der General war auf dem Markt beschäftigt, Befehle zu geben. Ich trug mein Anliegen vor und zeigte ihm meinen Namen und Stand an, allein wahrscheinlich verstand er nichts als russisch, denn er wies mich an einen jungen Offizier, mit dem ich mich vernehmen sollte. Mit Höflichkeit erwiderte mir dieser, ich würde zu einem blessierten französischen General ins Quartier kommen, und mit diesem Morgen weiter nach Moskau transportiert werden. Dem Kürassier wurde nun die Gasse und das Haus angedeutet, wir begaben uns auf den Weg, und obgleich ich noch von einem zweiten Soldaten unterstützt wurde, so brachte ich dennoch sehr lange zu, ehe ich mein Asyl erreichte, denn Atem und Kraft ermangelten mir gänzlich.

Endlich traten wir in ein elendes, nur aus einem Erdgeschoß bestehendes, halbverfallenes kleines Haus, doch mir dünkte es ein Palast, da mir wenigstens darin Ruhe zuteilwerden sollte.

Ich fand den mir angedeuteten französischen General – sein Name war Bon Ami[5] – stöhnend in einer Ecke des Zimmers auf etwas Heu liegend. Er war in einer früher eroberten, dann wieder genommenen feindlichen Schanze gefangen worden, und hatte 13 Bajonettstiche erhalten, von denen ihm besonders einer auf der linken Brust sehr viel Schmerzen verursachte, und da er tief war, seinem Leben drohte. Als die russischen Wundärzte erschienen, um seine Wunden zu besichtigen, bat er sie dringend, ihn zur Ader zu lassen, um Erleichterung zu erhalten „Ponce l'amone de diene, saignes-moi ou suis un homme mort" wiederholte er wohl hundertmal, aber so oft erfolgte die mir vernünftig dünkende Antwort, dass dies sein Zustand der Schwäche nicht erlaube. Noch befand sich in dieser Art von Stube ein

---

[5] Gemeint ist wohl der Brigade-General Bonnamy (I. Armee-Korps, I. Infanterie-Division, 3. Infanterie-Brigade bestehend aus dem frz. 30ten und badischen 2ten Linien-Regiment).

junger französischer Artillerie-Offizier, welcher eine leichte Hiebwunde am Kopf hatte und ein gemeiner Soldat, ein Gascognier, der selbst in dieser Jammerlage sein Vaterland durch seine oft schildischen Streiche und Prahlereien nicht verleugnen konnte. Spät abends kam der Offizier, welcher mich in dieses Haus hatte bringen lassen, wieder und beschenkte uns mit einem halben Brot und einem Stück Zucker und Tee, auch kündigte er uns an, dass früh 6 Uhr unser weiterer Transport nach Moskau stattfinden würde. Außerdem kamen noch mehrere andere Offiziere, um uns in Augenschein zu nehmen, und auch mein lieber alter ׃ Kürassier traf wieder ein. Er sprach lange mit vielem Feuer zu mir, leider verstand ich nicht, was er wollte, erfuhr aber später, dass es des guten Alten Idee gewesen sei, mich vollends bis nach Moskau zu begleiten, welches ihm jedoch abgeschlagen wurde.

Die Nacht schlief ich ruhig, und weckte mich ja bisweilen das Stöhnen des Generals, so stellte sich dennoch Morpheus, der Schmerzen und Kummer Lindernde, sogleich wieder bei dem Ermatteten ein.

Obgleich der Hals mir früh noch mehr verschwollen war, und mich gänzlich am Schlingen hinderte, so fühlte ich mich doch im Ganzen schon besser und gestärkter und sogar, trotz des großen Blutverlustes, ohne Wundfieber.

Erst gegen 7 Uhr kam der uns zur Begleitung bestimmte Miliz-Offizier, ׃ und meldete dem General, dass der zum Transport bestimmte Krankenwagen bereit stehe.

Diese Art zur Fortschaffung blessierter Offiziers bestimmter Wagen sind zu diesem Behuf sehr bequem eingerichtet. Sie haben ungefähr die Form einer viersitzigen großen Batarde, fassten aber 6 Menschen und hängen in Federn. Der Boden ist doppelt, so dass man um bequem zu liegen die Beine, wenn es erforderlich ist, völlig austrecken kann.

Statt Fenster befinden sich Brettervorsätze mit kleinen runden Öffnungen an den Türen.

Die Seiten sind mit Lederkissen versehen. In diesem Wagen traten wir Viere nunmehr die Reise an, der Miliz-Offizier aber, dem 2 alte Soldaten zugegeben waren, begleitete uns meistens zu Fuß.

Von der Umgebung konnte ich heute nur sehr wenig sehen, indem teils die Konstruktion des Wagens, teils die Lähmung des Körpers mich daran hinderte.

Die Heerstraße war sehr breit, wohl gegen 80 bis 100 Schritt, wie man dies in Russland allgemein findet – allein die vielfachen Reihen Birkenbäume, welche von Mohilon an, wie ich schon früher bemerkte, die Ufer des Dnieper mehrere 100 Werst lang, so herrlich zieren und durch ihren Schatten so angenehm machen, vermisste ich hier.

Mittags wurde 2 Stunden in einem Meierhof zur Fütterung der Pferde angehalten, dann fuhren wir bis spät abends fort und blieben die Nacht hindurch in einem großen ziemlich gut gebauten Dorf.

Außer einigen Eiern und Milch und Wasser fanden wir auf der ganzen Tour nichts zur Nahrung. Mir aber war gerade diese Milch das köstlichste Gericht, denn nur diese oder Wasser konnte ich löffelweise hinunter bringen; dieser Zustand dauerte noch mehrere Tage. Meine Reisegefährten aber waren weniger zufrieden als ich, da sie sich größtenteils auf jenes in Mosaisk erhaltene halbe Brot beschränkt sahen.

Das Nachtlager teilten wir in einer kleinen Stube mit 10 bis 12 blessierten Soldaten; außer ein wenig Stroh konnte uns nichts gereicht werden.

Den 9ten wurden den ganzen Tag hindurch die Reise fortgesetzt, indeß brachten die 3 elenden abgehungerten Gäule den Wagen kaum von der Stelle. ⁖

Die Dörfer wurden, je mehr wir uns Moskau näherten, hinsichtlich der Bauart gefälliger, und an vielen Häusern bemerkte ich einen recht guten architektonischen Geschmack.

Ein hervorspringender Mittelgiebel, auf Säulen ruhend, ein Vortritt mit Bänken und Galerien, kleine Balkons und wohlgeformte Dächer und Fenster waren an den meisten Häusern bemerkbar. Die Straßen waren mit Reitern, Fußgängern und Wagen überfüllt; es war, als ob ein großes Fest in der Zarenstadt gefeiert würde, zu dem, die sich in endlosen Reihen bewegende Menge pilgerte; ach leider nur zu bald schon sollte dieses Fest, aber ein Fest der Hölle beginnen, und die hohen Gluten in Feuersäulen gegen den zürnenden Himmel, Rache fordernd, empor lodern. ⁖

General Bon Ami litt viel an seinen Wunden, indeß waren seine immerwährenden Klagen, seine hunderterlei unmöglich herbeizuschaffenden Bedürfnisse, und seine immerwährende Äußerung der Unzufriedenheit, wahre Übungen an der Geduld seiner Gefährten.

Der uns eskortierende Offizier war zwar ein artiger sanfter Mann, von vieler Bildung, ein wohlhabender Gutsbesitzer, der viel gereist war und sich in mehreren Sprachen recht gut ausdrückte – allein am Ende wurde ihm das barsche, befehlende und inkonsequente Benehmen des Generals dennoch unerträglich und er machte ihn sehr ernstlich darauf aufmerksam, dass Tausende von russischen Kriegern zerstümmelt und elend sich unter Todesschmerzen an der Straße dahin schleppten, während er, der Russland als Feind mit seinen Horden verwüstet hatte, die größte Sorgfalt genösse und gemächlich in einem bequemen Wagen transportiert würde. Dies half; dem Russen konnte man diese Äußerung wohl nicht verargen.

Der sanfte Artillerist, ein Pariser Kind, nur etwas sehr geziert, und in der Tat zu kindhaft für einen Feldsoldaten – denn er sprach immer von seinen cher Papa und chère Maman, aber sonst ein guter Junge – suchte letzteren möglichst zu beschwichtigen, und mit sanfter Bitte, die Zwietracht zu löschen, die tobend zu entgleiten drohte; der närrische, seine Heldentaten und unaufhörlich vordeklamierende Gascogner Grenadier aber, wurde dagegen zum alleinigen Zornableiter, unseres seinem Namen nicht entsprechenden, höchst anstrengenden Generals.

Endlich näherten wir uns den 10ten der großen Stadt. Durch die Bretteröffnungen gewahrte ich rechts der Heerstraße viele Aufwürfe, ob übrigens der Anblick der

Residenz von dieser Seite imposant war, vermag ich aus den erwähnten Gründen nicht zu bestimmen.

Lange hielt der Wagen am Tor; eine Menge Neugierige, meistens aus den unteren Volksklassen, umgaben ihn und die Fratzengesichter und Zerrbilder, welche uns auf mancherlei Weise mit Zunge und Mund zum Empfang gezeigt wurden, bewiesen, unter welche Art von Gästen man uns zählte. General Bon Ami, immer der finstersten Ideen voll, und als ein früherer Revolutionsmann ⸱ und Emporkömmling mit den Folgen der Volksaufläufe bekannt, rief bei dem Anblick dieser Schreckensgestalten zum öftern im hochtragischen Ton aus: „Ah, c'est un fait, cette foison va nous masacrer!"

Nachdem ein Polizei-Dragoner angekommen war, setzten wir unter dessen Begleitung unsere Fahrt durch lange Straßen – in denen jedoch die meisten kleinen unansehnlichem Häuser in weiter Entfernung von einander standen – bis über eine Brücke fort, wo wir vor einem schönen Gebäude halten blieben. Es war die Wohnung des Kommandanten, eines General Hess. Der Offizier, welcher uns bis jetzt transportiert hatte, ging nun, um sich bei ihm zu melden, und ohngefähr 10 Minuten darauf, erschien der ⸱ Platz Adjutant, ein Fürst Wolkonsky, welcher sich recht artig betrug, dem General Bon Ami, der sehr über Schwäche klagte, Wein bringen ließ, und uns nach einem nahe gelegenen großen Gasthof in Person begleitete. Wir fuhren hier in einen geräumigen Hof ein, stiegen aus und erhielten nach der Verfügung zwei anständige Zimmer. Ehe er uns verließ versicherte er, wir würden hier alle Bequemlichkeiten genießen, denn dieses Haus sei das erste Hotel in der

Stadt, unsere täglichen Diäten würden uns sofort ausgezahlt werden, wofür wir jedoch uns beköstigen müssten, auch ein Wundarzt zum Verbinden würde sehr bald erscheinen.

Wir baten dringend, dieses letztere nicht zu verschieben, denn des Generals Blessuren hatten sich sehr erhitzt, und die Meinigen ⁞ waren auch seit Mosaisk nicht verbunden worden, und hatten Maden und Eiter gefasst.

Der Wirt des Hauses namens Batz, machte nunmehr seine Aufwartung, und da er mir sagte, er sei aus Lübben in Sachsen gebürtig, so glaubte ich, höflichst darob erfeut, dass endlich wieder ein Stern der Hoffnung für mich aufgehe, und manchen meiner dringenden Bedürfnisse durch meinen Landsmann abgeholfen werden würde.

Doch auch diese Hoffnung sollte scheitern, denn dieser Mann war nur teilnehmend in Worten, nicht aber im Handeln. Christenpflicht und Nächstenliebe waren seine Lieblingsphrasen, doch außer einem alten zerrissenen Hemde zu Charpie – denn nicht einmal gegen das Meinige, ganz mit Blut überzogen und noch ungewaschen konnte ich es verwechseln – weiß ich mich keiner ⁞ Gabe von ihm zu erfreuen.

Meine Bettler-Situation, meine Bitte, um einen kleinen Vorschuss von ihm, oder durch seine Verwendung vielleicht von einem Kaufmann gegen Anweisung nach Petersburg, meine Anstellung als Adjutant bei seinem früheren Landesherrn; alles dieses blieb unbeachtet, der harte Christ und laue Nächstenfreund zuckte die Achseln und bedauerte, nichts tun zu können, als was die Christenpflicht geböte, denn vermöge seines 29jährigen Aufenthalts in Russland, sei er ein quasi nationalisierter Russe geworden, und seinem Kaiser Alexander viel zu sehr verpflichtet, als dass er die Feinde des Staates unterstützen könnte, übrigens könnte ich gegen bare Bezahlung empfangen, was mir nur belieben würde und hiermit empfahl er sich; auch zu dem Verwechseln eines Doppel-Louis d'or, welcher mir ⁞ durch die Tasche der Überhosen in die Stiefel gefallen war, verstand er sich nur unter der Bedingung, mir nicht mehr als 32 Papier-Rubel dafür zu geben, statt dass sie 40 standen.

Ich bat ihn, mir ein Hemd, Mütze und Tuch dafür zu kaufen, doch auch hierin fand er Bedenklichkeiten und ich musste sein Haus ebenso höchst dürftig bekleidet verlassen, als ich es betreten hatte.

Irre ich nicht, so bleiben wir gegenbare Bezahlung alles dessen, was verzehrt wurde, bis zum 13ten in diesem Hause.

Von Seiten des russischen Gouvernements ließ man uns 50 Rubel auf die uns ausgeworfene Gage auszahlen, der General bekam täglich 3 Rubel und ich 1 ½, der sanfte Artillerist aber nur ½ Rubel.

Man erlaubte dem General, welcher hier so krank wurde, dass ich wirklich glaubte, ⁞ er würde abscheiden, an den Gouverneur, Grafen Rastopschin zu schreiben und mir ein gleiches an den General Hess – auch einen Sachsen – zu tun.

Wir baten beide, er um eine bedeutende und ich um eine kleine Summe, als Vorschuss zu unseren dringensten Bedürfnissen.

Am Abend erst kam ein russischer Wundarzt – ein braver teilnehmender Mann, der unsere Wunden verband und des Generals Zustand für sehr gefährlich erklärte. Wir konnten uns nur gebrochen in Latein zusammen unterhalten und daher ward wenig zusammenhängendes zu Tage gefördert.

Als ich ihn begleitete, äußerte er, Letzterer würde schwerlich den 3ten Tag mehr erleben. Wie oft irren sich doch diese Herren.

Den andern Tag nach unserer Ankunft: sendete der Gouverneur einen französischen Arzt, um den General zu behandeln und ununterbrochen bei ihm zu bleiben. Später werde ich noch Veranlassung finden, von dieser sonderbaren Personage zu sprechen.

In Herrn Batzens Hofraum war es so lebhaft, wie in einem Pack- und Handlungshofe in Leipzig, Lastwagen, Droschken und Karren gab es hier in Anzahl. Effekten wurden auf- und blessierte Offiziere abgeladen, kurz des Treibens und Drängens war kein Ende.

Eine große Anzahl von Menschen aller Stände gewahrte man stet zu- und abströmend. Hier stand eine Gruppe, die sich die eben nicht erfreulichen Neuigkeiten des Tages mitteilte und zu den Gefangenen mit finstern Blicken herauf sah, dort auf einem Saale vis-a-vis ertönte dagegen bei der Tafel d'Hôte lauter Lärm und Gläserklang und ⁚ in unsern Stuben selbst war es wie auf einem

Haut-Bureau; dies fand ich denn auch ganz in Ordnung, da wir hier vorzugsweise unter die verbotenen Artikel gezählt wurden.

An neugierigen Besuchen und unaufhörlichen Fragen fehlte es dabei in der Tat nicht. Wir wurden ´fast von jedem förmlich verhört, bis ich endlich den Entschluss fasste, nicht mehr zu antworten.

Ein Polizeioffizier unter Anderem besuchte uns sehr oft, er konnte deutsch, und teilte mit einer bewunderungswürdigen Bestimmtheit uns die Siegesnachrichten der russischen Armee mit, zugleich versicherte er, wir hätten von dem hiesigen Pöbel auf keinen Fall etwas zu befürchten, dieser sei an Gehorsam gewöhnt, und würde daher auch uns nicht totschlagen, das sein Kaiser eine gute Behandlung der Gefangenen ⁞ anbefohlen habe. Das war doch wenigstens ein Trost, auf den ich jedoch nicht sehr baute.

Den 13ten Nachmittags 2 Uhr kam derselbe Offizier, welcher uns bisher eskortiert hatte, wieder, und kündigte uns an, wir müssten sogleich das Batzische Hotel verlassen, indem unsere Stuben von einigen blessierten vornehmen russischen Offiziers besetzt werden würden. Das Sträuben des Generals Bon Ami half gegen diese bestimmte Äußerung nichts. Die Reiseanstalten waren sehr bald beendet, und die Wagen rollten schon in einer halben Stunde in dichter Finsternis – denn Bretter verschlossen wieder die Schläge – mit uns durch mehrere Straßen langsam dahin.

In einem kleinen armseligen Gässchen hielten wir von unserer neuen Wohnung still, diese gewährte wenig

Hoffnung zu einer günstigen Aufnahme, denn sie trug das Emblem der Dürftigkeit, doch bald überzeugte ich mich, dass man sich auch in einem kleinen Raum weit besser befinden kann, als in dem glänzendsten Hotel, wenn anders ein freundlicher Wirt das Mangelnde durch ein gefälliges Betragen ersetzt. Dies war hier recht sehr der Fall, und ich fühlte mich in diesem Haus so glücklich, als es nur eine bedrängte Lage erlaubte.

Ein langer wohlgekleideter Mann mit einem Verband um den Kopf empfing uns, er redete uns deutsch an und o Freude, seine Aussprache überzeugte mich nicht allein, dass er ein Sachse, sondern dass er sogar ein Dresdner Kind sei. Stosch war sein Name, sein Metier die Reinigung der Essen. Vor acht Jahren hatte er aus Furcht, ein forcierter Grenadier der Garde in Dresden werden zu müssen, das Vaterhaus zu verlassen, und hier war sein schwarzes berußtes, nein, sein treffliches Herz von einer jungen Moskowiterin in Anspruch genommen worden. Er war jetzt wohlbestallter Schornsteinfeger-Meister und hoch beglückter Gatte, pries mir sein Weib und die Moskauer Essen als ganz vorzügliche Machwerke, dachte aber noch immer mit der größten Rührung und Sehnsucht an die reizende Elbestadt zurück. Hier haben die Sachsen in der Tat viel Schweizerartiges in ihren Naturell; gern und häufig ziehen sie als wilde Flüchtlinge in die Weite, aber bald verdrängt die Sehnsucht nach dem Vaterlande, das ferne Streben, und an seine Stelle tritt der Wunsch, zurückzukehren in die freundlichen heimischen Täler. So ging es auch dem armen Stosch.

In Dresden, sagte er, würde ich nicht den 6ten Teil soviel verdienen können, als ich hier bei einigem Fleiß gewinne; auch sind die hiesigen Öfen Meisterstücke gegen die sächsichen, aber hier blüht mir dennoch keine Freude – o! könnte ich doch mit Euch wieder zurück in das liebe teure Sachsen – könnte ich dorthin bei nur spärlichem Einkommen mich mit Weib und Kind verpflanzen, wie hoch beglückt würde ich mich dann fühlen, doch eitle Wünsche! mein grausames Schicksal fesselt mich an die nordischen Eisklumpen, und was helfen mir da die 6 bis 8.000 Rubel, welche ich wohl jährlich verdienen kann..

Mit reger Geschäftigkeit war nun alles im Hause bemüht, unsere Lage zu verbessern; dem General wurde ein weiches Lager, und den übrigen ein möglichst gutes Soupér bereitet, und dies war anjetzt in Moskau nicht leicht, da nach Stosches Versicherung Lebensmittel in keiner Bude mehr zu finden waren.

Unsere Gesellschaft bestand anjetzt außer mir, dem General, dem Artillerie-Leutnant, dem Arzt aus der Gascogne, dem Casgogner Grenadier /: dem närrischen Landsmann, des unerträglichsten aller Doktoren :/ auch aus einem polnischen gefangenen Oberstleutnant, welcher uns hier zugestellt wurde; er hieß Descorps[6], und hatte früher in preußischen Diensten beim Regiment Zastrow in Posen gestanden.

---

[6] Gemeint ist wohl der 1807 als Premier-Leutnant dimissionierte Herr von Deskur, welcher 1806 beim Infanterie-Regiment von Zastrow No. 39 stand.

Schon im Batzenschen Hotel hatten mich mehrere Beobachtungen und Äußerungen der Aus- und Eingehenden vergewissert, dass unsere Truppen sich in starken Märschen, indem sie die Russen immer mehr zurückdrängten, Moskau näherten; auch mein Landsmann Stosch machte mir kein Geheimnis daraus, versicherte aber, es würde vor den Mauern der Kaiserstadt noch zu einem harten Treffen kommen. Ach Gott! setzte er seufzend hinzu, wie wird es alsdann uns Unglücklichen ergehen. Auch mir erschien in meiner aufgeregten Fantasie die nahe Zukunft in einem grässlichen Kolorit; ein fliehendes aufgelöstes Heer – so dachte ich mir das russische – ohne Ordnung und Zucht, von starken Getränken zu jeder Gräueltat aufgereizt, plündernd und mordend in wilder Flucht, und wir Gefangenen ohne Schutz und Sicherheit, ihrer Wut und Rache gänzlich bloßgestellt! Dies war das Bild der kommenden Tage, welches mir vorschwebte.

Die wilden Physiognomien unter der gemeinen Klasse der Bewohner Moskaus, welche ich auf der Straße gewahrte, bestätigten mich in diesem finsteren Gedanken, und nirgends zeigte sich eine Freistatt. Könnten Sie, bester Stosch, uns denn nicht in dem bald herannahenden höchst kritischen Momenten irgendwo verbergen – sagte ich zu meinem trauernden Wirt- ich spreche ihr gutes Herz, ich spreche meinen braven lieben Landsmann darum an, und brauche nicht erst hinzu zu fügen, dass ein reicher Lohn der guten Tat zum Ersatz werden solle.

„Ich würde es gern tun, wenn ich es könnte." erwiderte er „wenn Gatten- und Vaterpflichten es mir gestatteten, allein es komme auch, wie es wolle, ich muss hier blieben, und was würde später mein Los sein, wenn es kund würde, dass ich feindlichen Offiziers zu ihrer Befreiung behilflich gewesen wäre?" – Diesen Gründen ließ sich allerdings nichts entgegensetzen, und ich beschloss nun, mich ohne weiteres schwermütiges Sinnen und Grübeln, meinem bösen oder guten Geschick anzuvertrauen, und wie der Jäger in Wallensteins Lager sagt: „ nicht zurück und auch nicht vorwärts zu schauen!"

Ungefähr 2 Stunden nach unserer Delogierung kam ein Adjutant des Gouverneurs und überbrachte zu meinem nicht geringen Erstaunen dem General Bon Ami 1000 Rubel mit sehr verbindlichen Äußerungen des Grafen Rastopschin begleitet.

Auch ich erwartete nun von dem General Hess Antwort, jedoch vergebens, vielleicht war ihm mein Brief gar nicht übergeben worden, oder aber, er hatte die Baltisch-Nordischen Grundsätze angenommen, welche keine Hilfsleistungen den Feinden zu gewähren gestatteten.

Bon Ami fand dieses Darlehen, wie er es nannte, ganz in der Ordnung, ohne dass sein Dank hierüber eben laut wurde und machte nunmehr gleich eine Menge Anstalten zu allerlei Einkäufen, unter anderem eines Bettes von unserem Wirt, um welches er zu meinem Erstaunen einen langen Handel begann, obgleich jener es nicht teuer geboten hatte und es ihm bloß aus Gefälligkeit überließ. Ein Mann, welcher aller Wahrscheinlichkeit nach dem Tode sehr nahe war, der ganz gegen alle Erwartung 1.000 Rubel erhalten hatte, knickerte hier um ein oder zwei Taler! Und dennoch schenkte uns derselbe Mann zwei Tage darauf, als wir von einander schieden, den 5ten Teil der erhaltenen Summe!

Der Psychologe wird in diesem anscheinend widersprechenden Benehmen Stoff zur Betrachtung finden. Doch dieser Tag war nun einmal zu Überraschungen und sonderbaren Ereignissen bestimmt.

Noch saß ich nämlich allein auf meinem Strohlager in einem kleinen Nebenzimmer und dachte trotz meines früheren Vorsatzes, keinen finsteren trüben Ideen mehr Raum zu geben, über die mannigfaltigen Begebenheiten der vergangenen Tage nach, als eine Droschke rasch vor das Haus gerollt kam; die Haustür wurde geöffnet, man schritt schnell der Stubentür zu und zu träumen glaubte ich, als mein alter Freund und damalige Waffengefährte Bose[7] /: katerog genannt der Dicke :/ herein und auf mich zu stürzte. Ich blieb in stummen Staunen und Starren auf der Strohbucht sitzen. – Kennen Sie mich nicht mehr oder wollen Sie mich nicht mehr kennen? Rief er – und schon lag ich in seinen Armen. Ich vermag dieses Gefühl der Wiedersehens nicht zu schildern. Er war aus sächsischen Diensten in russische getreten, war Oberstleutnant und bei dem Generalstab des Prinzen Oldenburg angestellt. Von Mosaisk aus hatte ihn die Retraite der Armee bis in die Gegend von Moskau geführt, wo er dann voraus geeilt war, um bei Herrn Batz

---

[7] Wohl Ernst Ludwig von Bose, welcher 1808 auch als Rittmeister – mit älterem Patent als Leysser – bei der Garde du Corps stand.

sich nach den Beschwerlichkeiten der letzten Tage wenigstens einige Stunden lang zu restaurieren.

Hier hatte er nun meinen Aufenthalt und Ankunft erfahren, sich auf eine Droschke geworfen und von dem Lübbner geleitet mich aufgesucht.

Wir hatten uns bei diesem sonderbaren Zusammentreffen viel zu sagen und mitzuteilen.

Dienstverhältnisse und eingetretene Kollisionsfälle hatten ihn im Jahre 1811 bewogen, die sächsischen Dienste zu verlassen, und ich selbst war ohne mein Zutun darin verwickelt worden, doch er war ein sehr biederer Mann, und jene Ereignisse hatten auf unsere gegenseitige Freundschaft auch nicht den mindesten nachteiligen Einfluss gehabt.

Auch er sagte mir, dass es ohne Zweifel noch vor den Toren von Moskau eine große Schlacht geben würde, da man es dieser Stadt, welche so viele Opfer gebracht hätte, schuldig sei, alles für ihre Rettung zu wagen, dass es aber dennoch nicht glaube, dass dadurch die Einnahme derselben würde gehindert werden können, ich aber möchte mich glücklich schätzen, gefangen worden zu sein, denn unsere Armee würde noch vor dem Winter an allem Mangel leiden, und in der schlimmsten Jahreszeit sich zurückziehen müssen; die Russen würden auf keinen Fall Frieden machen, denn sehr starke Korps zögen jetzt ihren Heeren zur Verstärkung entgegen, indem mit den Türken alle Misshelligkeiten beseitigt wären, Napoleon hingegen verlöre bei jeder Meile, die er vorwärts dränge, immer mehr Menschen, Pferde und Subsistenz-Mittel, kurz seine Kraft würde bald gebrochen sein.

Übrigens versprach er mir baldigst Geld zu verschaffen und mich den folgenden Tag wieder zu besuchen. Wir schieden nach einer Stunde und ich fühlte mich durch dieses Wiedersehen und die Hoffnung, bald aus dieser hilflosen Lage zu kommen. Sehr gestärkt und erheitert, allein des andern Tages ließ mir Batz sagen, Bose käme nicht, indem er gleich nach unserer Unterredung wieder zur Armee hätte abgehen müssen.

Der Miliz-Offizier war den ganzen Morgen abwesend, doch als wir eben um einen kolossalen Suppentopf saßen, trat er ein und brachte die Nachricht, wir müssten uns sogleich wieder zur weiteren Fahrt anschicken.

Es war um 3 Uhr und noch hatte kein Kanonendonner ein Zusammentreffen der Armeen in dieser Gegend verkündet, ich konnte dies nach alledem, was ich gehört hatte, nicht begreifen und zerbrach mir den Kopf mit einer Menge Möglichkeiten und Unwahrscheinlichkeiten.

Der gute brave Schornsteinfegermeister nahm einen recht herzlichen Abschied von mir und beschenkte mich mit einer schwarzen Samtmütze und einer Schere. Beide habe ich als Heiligtümer aufgehoben und besitze sie noch. Der Offizier deutete uns an, uns im Wagen recht ruhig zu verhalten, da wir sonst Misshandlungen von dem Volke, welches in Masse mit ausziehe, ausgesetzt sein würden und wir bestiegen, 6 an der Zahl, den schon oft erwähnten Wagen. Später sagte er mir, dass eine

Konvention zwischen den beiden Feldherren geschlossen worden sei, vermöge der den Franzosen zwar Moskau geräumt würde, dagegen aber die russische Armee ohne angegriffen zu werden, sich bis auf eine gewisse Entfernung von der Stadt zurückziehen würde. Uns, fügte der menschenfreundliche Mann hinzu, habe er als blessierte russische Offiziere ausgegeben, um uns vor allen Insulten des Pöbels zu sichern, den schon mehrere, welche man für Franzosen gehalten hätte, seien von dem zur Verzweiflung gebrachten niederen Volke getötet worden.

Wir saßen höchst unbequem, der Grenadier kauerte in der Mitte, der General bedurfte viel Raum und die Hitze war zum Ersticken, da der ganze Kasten verschlossen war, doch jeder fügte sich unter den obwaltenden Umständen möglichst in seiner Lage.

Nur der unausstehliche französische Arzt, ein unbeholfener, aufgeblasener, alberner Mensch war darob zerknirscht und erzürnt: „A j'étouffe! Oh mon pauvre petit ventre!" Dies waren die ununterbrochenen Stoß- und Jammerseufzer des sich wahrscheinlich zu stark angegessenen Sohnes des Hippokrates; der General accompagnierte, und der Grenadier wurde unaufhörlich durch leisere und stärkere Hilfen – jeder suchte sich seiner Nähe abzuwehren – aus seiner kauernden Positur bald rechts, bald links verschoben.

Die Fahrt durch die enorme Stadt, welche fast durchaus in denen Gassen, durch die wir kamen, aus einzelnen Häusern und Höfen bestand, dauerte sehr lang, doch auch dieses Mal konnte ich nur wenig davon durch die

Ritzen der bretternen Türläden gewahren, auch war jeder von uns so in seinen Platz hineingezwängt, dass alle Bewegungen des Körpers untunlich wurden. Einige sehr große und schöne Häuser, die man wohl Palais nennen konnte, wurden wir jedoch bemerkbar, außerdem ward ich noch in der Nähe einer Kirche ein länglicher Platz mit Bäumen bepflanzt gewahr, wo lange Soldatenreihen – wahrscheinlich Milizen – aufgestellt waren.

Die Anzahl der Fuhrwerke, welche in breiten Reihen fuhren, war unbeschreiblich groß. Man sah, dass Hunderttausende ein anderes Asyl suchten, auch konnten wir uns nur schneckenartig vorwärts bewegen. Trupps von Kavallerie, Wagen mit blessierten Militärs und anderen Effekten bepackt, Karren mit Weibern und Kindern, Kirgisen und Milizen, alles dies zog untereinander, doch in größter Ruhe und Stille dahin, und man kann unter den damaligen Verhältnissen wohl sagen, in seltener Ordnung, ungeachtet des bunten Amalgamus.

Sobald wir aus der Stadt waren, wurde zu Gunsten der höchst erschöpften Gäule – wahrscheinlich mochten sie in Moskau zu einigen Fasttagen verurteilt worden sein – unser Fahrzeug an Ballast erleichtert und der Grenadier de la Grande Armée ausgeladen. Jedermann fühlte sich darob sehr zufrieden, der Gascogner aber ward sehr ängstlich über diese Fußpartie und er bat seinen Landsmann ihm seinen Mantel zu leihen, um für einen Russen gehalten zu werden. Als es etwas dunkler wurde, erlaubte auch mir der Offizier auszusteigen und neben den Wagen zu gehen; ich musste ihm mein Ehrenwort geben, mich nicht zu entfernen und er bezeigte mir dagegen durch sein Benehmen volles Vertrauen.

Noch jetzt, nach einem Zeitraum von mehr als 6 Jahren, sind all diese Szenen mir noch lebhaft im Gedächtnis, die sich in meinen Augen damals in tausendfacher Mannigfaltigkeit zeigten, die hunderterlei Droschken, Wagen und sonstigen Arten des Fortkommens, der Stumpfsinn, die Verzweiflung, die Gleichgültigkeit oder der Frohsinn, den kein Unglück zu beugen vermochte, welcher sich in den Gesichtszügen der Auswanderer so verschiedenartig – je nachdem diese Katastrophe mehr oder weniger auf sie Eindruck gemacht hatte – aussprach. Die tatarischen, mongolischen und kalmückischen Gesichtsmasken dieser Halbwilden, deren stehende Blicke aus den kleinen brennenden Augen nach Raub zu lugen schienen, die Viehherden, welche trotz der Unzahl von Wagen und Menschen, von den gewandten Baschkiren – die man wohl nicht wegen ihrer Körperschöne „les amours du Nord" zu nennen sich bewogen finden kann – hier durch getrieben wurden, ein wandernder Haufe wohlgebildeter Knaben aus der Militär-Erziehungsanstalt zu Moskau mit ihren Lehrern an der Spitze, welche so wohlgestimmt, als ginge es zum Tanz, die engen Hörsäle verließen, hübsche junge Mädchen, begleitet von modischen Elegants. Karren und Kibitken oft mit dem sonderbarsten Ameublements verziert, weinende Mütter mit dem Säugling auf dem Arm und hinter ihm das am Stabe sich mühsam fortschleichende Alter, kurz eine Unzahl solcher Bilder schweben noch heute meiner Fantasie in den frischesten Farben vor.

Die Dörfer, durch welche wir kamen, waren groß und schön und die Häuser in gerader Linie längs einer breiten Straße gebaut. Wir mochte ungefähr 1 ½ Stunden von Moskau entfernt sein, als unser russischer Militär-Begleiter Anstalt zum nächtlichen Biwak machen ließ. Bald lodern tausende von Wachtfeuern in der weiten flachen Gegend umher. Einzelne Soldaten, Ausgewanderte aller Gattung, vom Vornehmsten bis zum Geringsten, Karren und Staatskarossen lagerten hier friedlich beisammen, und jeder war jetzt so sehr mit seinen eigenen Angelegenheiten beschäftigt, dass man uns Gefangene nur wenig zu bemerken schien, welches in der damaligen Lage das Wünschenswerteste für uns war. Der Arzt hatte mit seinem pauvre petit ventre noch immer viel zu schaffen, der General stöhnte und verwünschte den Tag, wo man ihn von seinem Landgute, auf dem er schon mehrere Jahre in Ruhe gesessen, zu diesem nordischen Kreuzzug abberufen hatte. Der Artillerist schwärmte an der Seine und zeigte mir ein kleines gerettetes Bildchen seiner süßen Auserwählten, die er mit all den holden und anziehenden Jungfrauen, welche unser Globen nur immer enthalten mag, verglich und sich an ihren Konterfei in dieser langen Zeit zu ermutigen beschloss. Der Gascogner aber bewies sich als ein höchst elender Jünger in der edlen Kochkunst, obgleich er Kommiss des ersten Restaurateurs von Aix, seiner Versicherung nach, gewesen sein wollte und uns seine Provinzialspeisen als die schmackhaftesten Leckerbissen anpries. Der Pole endlich, der mir als ein vernünftiger, kalt und konsequent denkender Mann am meisten behagte, entwarf mit mir Pläne für unsere nächste Zukunft, wo dann vor allen Dingen alle Mittel aufgeboten werden sollten, um einige Winterequipage herbei zu schaffen.

Den nächsten Morgen, den 16ten, wurde bei früher Tageszeit wieder aufgebrochen. Nachdem wir ohngefähr 15 Werst gefahren waren, blieben wir in einem Dorfe, in welchem sich das russische Hauptquartier befand. Unübersehbare Reihen von Soldaten waren seit-, rück- und vorwärts desselben teils gelagert, teils aufmarschiert.

Der General begab sich ins Dorf, um seine Wunden verbinden zu lassen, ich aber setzte mich auf dem Wagenschlag und betrachtete aufmerksam mehrere Abteilungen Gefangene, welche ohnfern von mir transportiert wurden, um womöglich ein bekanntes Gesicht zu erspähen; doch vergebens suchen. Zwanzigerlei Arten von Uniformen wurden mir sichtbar, allein keine Sächsische. Jetzt ward uns die Botschaft, dass der General Bon Ami nicht zu uns zurückkehren würde; er hatte nämlich den Fürst Kutusow persönlich gesprochen und dieser ihm alle nur mögliche Unterstützung und Linderung seiner bedrängten Lage zugesagt, ihm eine Kalesche geschenkt und zugleich angedeutet, dass er sofort in eine nah gelegene Stadt zur besseren Behandlung seiner Blessuren gebracht werden sollte. Ein Anerbieten dieser Art nahm jener natürlich mit vielem Danke an, ließ uns ein Lebewohl sagen, und um dieses zu bekräftigen sendete er uns, seinen Leidensgefährten, zugleich 200 Rubel zum Geschenk. Diese kleine Summe wurde geteilt, indes befand ich mich sehr bald in dem günstigen Verhältnis, den auf mich kommenden Teil denen Andern überlassen zu können.

Obgleich ich den General Bon Ami nicht wiedersah, so weiß ich doch, dass er nicht gestorben, sondern in Orel von seinen Wunden wieder völlig genesen ist, denn bei meiner Rückreise ins Vaterland führte mich der mir bezeichnete Weg durch diese Stadt.

Aus Faulheit und Inkonsequenz hatte der Doktor versäumt, bei seiner Abfahrt zugegen zu sein und blieb daher wohlverdientermaßen zurück.

Bon Ami hatte wahrscheinlich sehr wenig an ihm verloren, denn er war viel zu sehr Egoist, um die benötigte Sorgfalt auf seine Kranken zu verwenden, wir aber hätten ihm diesen lästigen Menschen herzlich gern überlassen.

Noch immer saß ich an meinem Wagenschlag, als unerwartet mein alter Freund Bose zum zweiten Mal wie ein Deus ex machina herbeigeeilt kam und mir berichtete, dass er sich meiner Angelegenheit tätigst unterzogen hätte, indem ich sofort 400 Rubel von einem gewissen Herrn von Sanglin, gewesenen Ober-Polizei-Direktor bei der Armee, erhalten würde.

Wahrlich mir musste bei diesen mancherlei Fügungen des Schicksals der schöne Vers unseres freundlichen Wielands als sehr wahr und auf diese grell kontrastierenden letzteren Abschnitte meines Lebens sehr passend erscheinen – verzweifle Keiner je, wenn dunklen Nacht ein pp. wie er in seinem Oberon tröstend singt – denn alles mangelte mir und dennoch sollte den meisten Entbehrungen recht bald abgeholfen werden.

Ich muss hier bemerken, dass dieser Sanglin ein genauer früherer Bekannter von mir war, der sich vor einigen Jahren fast täglich in Dresden in meinem Hause befand, dass ich ihn als einen teilnehmenden, jedoch sehr zur Überspannung und Schwärmerei geneigten Mann hatte kennen lernen, und dass wir noch überdies durch ein ganz eigen Verhältnis in eine sehr genaue Verbindung gekommen waren.

Von ihm, den ich unter jeder Form eher als unter der eines militärischen Oberpolizeidirektors wiederzufinden erwartet hätte – da diese Art von Geschäftsführung mir mit seinem ganzen Wesen heterogen zu sein schien – konnte ich mit Recht auf wesentliche Unterstützung hoffen. Herr von Peterson, sonstiger Attaché bei der russischen Mission in Dresden – auch ein genauer Bekannter von mir – begleitete den Oberstleutnant Bose und ein Kreuz, welches als Belohnung für kriegerisches Verdienst seine Brust zierte, zeigte, dass er das Schwert kräftig zu führen erlernt hatte. Bald kam auch Herr von Sanglin, immer noch der gefällige, feurige und schwärmerische Mann wie vor 4 Jahren, zum Wagen geeilt. Er gab mir 200 Rubel, bedauerte, nicht mehr vorjetzt tun zu können, indem sein Gehalt und Auslagen-Rückstände bei der Armee ihm erst in Petersburg, wohin er am nächsten Tag abginge, ausgezahlt würden, versprach, dort für mein Interesse zu wirken, ließ mich auf ein Pergamentblättchen einige Zeilen an meine Gattin schreiben, verhieß mir als sicher nach Deutschland zu spedieren und schenkte mir beim

Abschied noch eine vortreffliche Flasche Wein und ein feines Kopftuch. Bose war erzürnt, dass er mir nicht den doppelten Betrag der Summe vorgeschossen hatte, indem wie er versicherte, sein Posten zu einem der lukrativsten im Heere gehöre, indes waren diese 200 Rubel – ohngefähr 50 Taler – anjetzt für mich ein großes Kapital, da sie die Anschaffung eines Winterrocks, einiger Wäsche und Stiefeln deckten. Sanglin hatte mir übrigens versprochen, dass vermöge seines Einflusses, ich bald die Erlaubnis erhalten würde mich in Petersburg bis zur Beendigung meiner Gefangenschaft aufzuhalten, allein er selbst kam gleich nach seiner Rückkehr unter die Surveillance der Polizei, indem man teils mit seiner Dienstleistung bei der Armee unzufrieden war, teils in seine politischen Grundsätze Misstrauen gesetzt hatte. Er schrieb mir später einige Male während meines Aufenthalts in Russland. Auch Bose versprach mir mit vieler Herzlichkeit für mein Bestes zu arbeiten, doch mochte sowohl der rasche Gang der erstaunenswerten Ereignisse als auch seine eigene Lage, welche in der russischen Armee sehr bedeutungslos – teilweise durch seine eigene Schuld – geworden war, ihn daran gehindert haben. Wir nahmen endlich auf das herzlichste von einander Abschied und ich setzte Nachmittags mit den übrigen Dreien – der Grenadier war dem General gefolgt – meine Reise nach dem Inneren des Reichs fort.

Als wir jenseits der Dorfes, in dem das Hauptquartier sich befand, eine gute Strecke durch einzelne Sandhügel gefahren waren und ich den sich langsam fortbewegenden Wagen zu Füße begleitete, ward ich in einiger Entfernung eine Kolonne Soldaten gewahr. Wir kamen näher und bemerkten an den mancherlei Kostümen und an der sie begleitenden armierten Mannschaft, dass es Gefangene waren, und wer schildert mein freudiges Gefühl als ich drei sächsische Garde du Corps unter ihnen wahrnahm. Endlich trafen wir zusammen, ich erkannte unter den Dreien einen der trefflichsten und bravsten Soldaten meines Regiments, den Garde du Corps Panzer, welcher eine tiefe Kopfwunde hatte. Seine Freude war nicht geringer als die meinige. Er befriedigte sogleich meine Neugierde, indem er mich von dem weitern Hergange der Schlacht und dem Zustande, in welchem das Regiment nach mehrmaligen Angriffen auf die uns links gelegene große Batterie gewesen war, in Kenntnis setzte und mir mehrere gebliebene Offiziers nannte. Schließlich fügte er noch hinzu, dass unter denen hier befindlichen Gefangenen, deren ohngefähr 1.500 sein mochten, sich auch ein Leutnant vom Regiment Zastrow befände. Diesen suchte ich sogleich unter einer Zahl von ohngefähr 70 gefangenen Offiziers auf. Ich fand ihn, den Kopf in einem Husarenpelz eingewickelt, an dem zu beiden Seiten die Ärmel herabhingen. Dies gewährte in der Tat einen sehr sonderbaren und komischen Anblick, der mich unter anderen Umständen recht herzlich zum Lachen gereizt haben würde, da der Kargen des Pelzes noch überdies eine diademförmige Erhöhung über dem Kopf formte. So glich er vollkommen den Abbildungen, die man von altmodischen Priestern noch bisweilen findet. – Dieser in Pelz einballierte Mann war der Leutnant Beulwitz von Zastrow Kürassier, dem das ganze

Gesicht sowie der Arm zerhauen war. Höchstbeglückt fühlten wir uns beide über dieses Zusammentreffen, auch trennten wir uns die ganze Gefangenschaft hindurch nicht wieder. Die Nachrichten, welche mir durch ihn und die anderen gefangenen Garde du Corps von den beiden sächsischen Regimentern der Brigade mitgeteilt wurden, waren folgende:

Man hatte das früher genommene Plateau hinter Semenowsky wieder verlassen müssen und wohl gegen eine Stunde in einem mörderischen Kanonenfeuer gestanden, noch 2 Attacken auf eine große Batterie und eine Schanze wären gemacht worden, wobei besonders die polnischen Kürassiers viel Menschen verloren hätten. Für die Garde du Corps sei ein schneller Entschluss des Rittmeisters von Berge, welcher das Regiment links dirigiert und dadurch die Flanke der Batterie umgangen hätte, höchst erspriesslich gewesen. Ein späterer Angriff auf ein feindliches Karree sei ganz missglückt, bei der Retraite wären sie von Kosaken verfolgt worden, wodurch viel Mannschaften blessiert worden wären. Bei der letzten Formierung habe das Regiment nur noch aus 1 Eskadron von 80 bis 100 Pferden bestanden. In dem selben Verhältnis sei auch das Regiment Zastrow gewesen. An toten Garde du Corps Offiziers waren dem Leutnant Beulwitz und denen Mannschaften namentlich bekannt: Der Major von Hoyer – eigentlich konnte er wohl nur vermisst sein, da man seinen Körper nicht gefunden hatte – der Adjutant Leutnant von Feilitzsch, Leutnant Biedermann und Hagen; blessiert sei der größte Teil gewesen, am schwersten Leutnant Krichbach und Qualen; auch mich hätte man unter die Gebliebenen gezählt; so lautete diese tragische, von allen bestätigte Relation.

Unweit des Dorfes musste unser bisheriger bequemer Wagen abgegeben werden und wir erhielten dagegen einen mit Ochsen bespannten, auf welchen alle schwer Blessierten aufgeschichtet wurden.

Hier nahm der brave, freundliche und gebildete Miliz-Offizier von mir recht herzlichen, und ich darf sagen, rührenden Abschied und übergab uns seinem Nachfolger, einem Leutnant Schilinsky, welcher die Kolonne der gefangenen Offiziers von hier aus weiter zu transportieren kommandiert war. Leider wurden die gemeinen gefangenen Soldaten von uns getrennt und alle meine Bemühungen, den Garde du Corps Panzer bei mir zu behalten, waren vergebens.

Wir setzten unseren Marsch bis spät in die Nacht bei Mondschein fort, um einen Vorsprung zu gewinnen, indem die russische Armee uns folgte. Das 2te Nachtquartier war höchst elend, kein Stroh zum Lager und eine enge dunkle Hütte, überfüllt mit Gefangenen und Blessierten.

In der Richtung nach Moskau zu – die Gegend war hier ganz platt – bemerkte man hochauflodernde Feuer und in dieser Nacht begannen auch die Flammen dort heftig zu wüten.

Mit ihnen, so meinten die Russen, würden auch Napoleons kühne Pläne vernichtet werden, indes kann ich mich nicht davon überzeugen, dass er, wenn dieser staunenswürdige Entschluss auch nicht ausgeführt worden wäre, sich den Winter hindurch in Moskau hätte halten können, und dass er auf einem Rückmarsch nicht sowohl durch das russische Feuer als vielmehr durch den nordischen Winter seine Armee dahin gerafft sah, ist zu sehr als Tatsache bekannt, um eines weiteren Beweises zu bedürfen. Das Eis, nicht das Feuer ward ihr verderblich.

Den 17ten wurde die Reise wieder sehr zeitig angetreten, da die russische Armee uns immer folgte. Der einzige uns zugeteilte Ochsen-Leiterwagen, daher ging wegen der vielen Blessierten der Marsch noch ungleich langsamer als vorher. Zum öftern musste Halt gemacht werden und dann begannen die Passions-Geschichten eines jeden einzelnen Gefangenen; in dem verlassenen Nachtlager hatte man nichts zur Stillung des Hungers vorgefunden, manche hatten nicht einmal liegen können. Viele hatten schmerzlich an ihren Wunden, Andern fehlte es wieder an Charpie, Pflaster, Balsam pp. kurz, die Meisten klagten bitterlich über ihr hartes Geschick und über gierigen Hunger und herben Kummer. Ich aber fühlte das Bedürfnis des Hungers nur wenig, da ich noch nichts Konsistentes schlingen konnte; überhaupt hat mich die erste Zeit meiner Gefangenschaft überzeugt, dass man sich recht füglich mehrere Tage ohne Nahrungsmittel fortfristen kann, und Vieles, was mir früher in manchen Reisebeschreibungen als ganz fabelhaft erschien, ward mir hier sehr glaublich, z.B. so erhielten die gemeinen gefangenen Soldaten erst den 4ten Tag, als wir wieder zusammentrafen, eine schwache Portion Zwieback, früher hatten sie noch nichts empfangen und waren dennoch dabei weiter getrieben worden.

Das Personal der gefangenen Offiziers bestand fast aus allen Nationen, aus dem die große Armee zusammen gesetzt war, nämlich Franzosen, Italienern, Westphälingern, Württembergern, Holländern und Sachsen; jedoch waren damals noch keine Preußen, Österreicher und Bayern dabei, da diese sich teils gar nicht, teils nur in geringer Anzahl bei des Kaisers Armee befunden hatten.

Ein französischer Brigade-General Namens St. Genie[8] ritt an der Spitze der Kolonne, er schien sie gleichsam zu befehlen und mehr der Kommandant derselben zu sein, als der sie führende Offizier, der Leutnant Schillinsky selbst.

Der Kaiser Alexander hatte diesem General seine Pferde, seinen Koch und seine Equipage zurückgeben lassen und ihn noch außerdem mit Geld beschenkt. Er hatte in der Folge viel Güte und Zuvorkommenheit gegen mich und erlaubte mir selbst, einigen andern Stabsoffizieren gegen Vergütung des Aufwandes, mit an seinem Tisch zu essen.

Ich blieb bis an den Ort unserer Bestimmung stets mit ihm zusammen. Er war ein schöner, sehr jovialer Mann, von immer heiterer Laune, erzählte sehr gut, sang vortrefflich und hatte manche Abenteuer während

---

[8] wohl Jean Marie Noël Delisle de Falcon de Saint-Geniès, Kommandeur der 7ten leichten Brigade (11e und 12e reitenden Jäger) in der 2ten leichten Kavallerie-Division Sebastiani / II[tes] Kavallerie-Korps Montbrun.

seiner sublunarischen Wanderschaft bestanden, unter andern war ihn im Ägypten das Kommando einer Dromedar-Eskadron zu teil geworden.

Mit mehreren der andern Offiziers machte ich noch außerdem Bekanntschaft, namentlich mit denen Oberst-Leutnants La Grave, L'Abeille, Hireur, denen Capitaines Richani, La Roche, Jaquelin, Bruder des berühmten bourbonischen Kämpfers in der Vendée und den Generalstabsarzt Cavalca.

Dieser letztere war ein höchst origineller Mensch, aber dabei ein sehr teilnehmender und geschickter Arzt. Nie fehlte es ihm an Stoff zu komischer Unterhaltung und fand sich kein Gegenstand, nun so machte er sich über seine eigene Person lustig und teilte uns seine tragikomischen Fatas mit.

Überhaupt zeigten die Italiener den meisten Frohsinn unter uns allen, und so wie auf den Brettern die Rolle des Bajaros meistens von ihnen gegeben wird, so ist es auch im gemeinen Leben; ich wenigstens habe noch wenig ernste, trübsinnige Italiener oder noch gar keine kennen gelernt.

Wir passierten heut die Hosowa; es waren zum Übergang der Armee 3 Brücken geschlagen, hinter uns wurde heftig kanoniert und diese Kanonade dauerte auch noch den folgenden Tag fort.

Der Leutnant Schillinsky sagte mir, die russische Arriere-Garde sei fast ununterbrochen mit Murat engagiert. Die Hosowa ist hier nicht breit und bietet an den andern, etwas steilen Ufer eine vorteilhafte Position dar.

An diesem Tag wurde zum ersten Mal etwas Zwieback unter die Gefangenen ausgeteilt und diese endliche Spende bewirkte nur die kühne Sprache eines zweiten gefangenen französischen Generals, mit dem wir hier zusammentrafen. Er sagte nämlich zu einem der russischen Divisions-Generale ohngefähr folgendes: „Mein Herr, aus Ihrer Behandlung der Gefangenen geht hervor, dass diese wahrscheinlich verhungern sollen, um sich ihrer zu entledigen; da dies aber unter den kultivierten Völkern Europas unerhört und zu grausam ist, um nicht jedes menschliche Gefühl zu empören, so ersuche ich Sie, diese Unglücklichen lieber sofort zu füsilieren, damit sie von ihrem Elend früher erlöst werden und auch Sie erreichen dadurch ihren Zweck um so schneller. Mit ihres menschenfreundlichen Kaisers Gesinnung kann jedoch diese gänzliche Vernachlässigung aller Verpflegung und diese barbarische Behandlung nicht übereinstimmen, auch wird hoffentlich die Zeit kommen, wo Sie darüber zur strengen Rechenschaft gezogen werden können." Diese energische Sprache half, auch wurde den Milizen – sie bestand aus langbärtigen Muschiks, mit Spießen armiert und mit einem Kreuz auf dem hohen Hut geziert – mehr Menschlichkeit anbefohlen, denn empörend war es, wenn man denen vor Durst fast umkommenden Faustschläge und Pikenstöße geben sah, wenn sie zum Wasser sich schleppen wollten. Einige Tage später trennten wir uns von der Kolonne der Gemeinen und bloß bei Tambow, wo wir einen 12tägigen Halt machten, sah ich sie noch einmal wieder, aber o Gott! in welchem Zustande! – ganz abgehungert zogen sie gleich Skeletten daher, über die Schultern hatten sie Bastdecken hängen, aus den hohlen Augen blickte der Tod, und die meisten hatten nicht mehr Kraft genug, verständlich sprechen zu können. Alles dieses aber ist den Beschlüssen der Regierung nicht zur Last zu legen, sondern nur den Unterschleifen einiger einzelner Behörden. Des großmütigen Kaisers Alexander Befehle hinsichtlich Verpflegung und Bekleidung der Gefangenen waren Beweise seines schönen Gefühls, seiner Teilnahme und Menschlichkeit; denn sämtliche Gefangene, von welchem Grade sie auch waren, wurden vermöge höchster Bestimmung mit einem Pelz, einer Mütze, Wollstrümpfen, Stiefeln und einem Hemde versehen, und die tägliche, ich glaube 12 Kopeken betragende Löhnung für selbige auf das Richtigste ausgezahlt. Allein vermag wohl in so einem unermesslichen Reiche das Auge des Monarchen alles zu übersehen? Man muss auch von dem mächtigsten Monarchen nicht das Übermenschliche begehren, denn auch seine Kraft kann gewisse, dem menschlichen Geist und Willen vorgeschriebene Grenzen nicht überscheiten. Doch ich kehre an die Hosowa zurück.

Der Leutnant S. war ein russischer Pole, er hatte sich auf dem Marsch nach meinen näheren Verhältnissen erkundigt und mich mit Zuvorkommenheit behandelt. Er selbst war längere Zeit in Frankreich in der Gefangenschaft gewesen und liebte dieses Land und die Nation. Übrigens war er ein jovialer Mann, der gerne den Becher der Freude leerte, diese holde Begleiterin des Lebens allenthalben aufsuchte und auch unsere Lage möglichst angenehm zu machen bemüht war.

Hier in diesem Dorfe an der Hosowa fand er nun ein Bataillon seines Regiments, dass zur Deckung der voraus gesendeten Equipagen bestimmt war. Er führte mich sofort in den Biwak seiner Kameraden und versicherte, dass es nun für heute an nichts mangeln sollte.

Auch lebten diese Herren im Überflusse aller soldatischen Genüsse und Ergötzlichkeiten; Wein und Geflügel war vollauf vorhanden, freundliche Mädchen kredenzten ihnen den schäumenden Simulansky, Würfel erklangen, Parolis wurden gebogen und an den Ufern der Hosowa unter nordischem Himmel schwelgten die russischen Krieger, wie einst die des Hannibal unter italischem; ein zweites Capua war dieses Dörfchen und nur die mildere Zone mangelte. Sehr viele Polen befanden sich bei diesem Regiment, welches größtenteils aus Mannschaften einer der früher von diesem Reiche abgerissenen Provinz formiert worden war. Und irre ich nicht, so würden unter ihnen wohl nur wenig wahrhaft feindlich gegen die Trans-Rhenaner und ihren Heerführer gesinnte Gemüter zu finden gewesen sein.

Leutnant S. sagte mir heute, dass vors erste unsere Bestimmung nach Rhacson, der Kreisstadt der Provinz gleichen Namens, lautete; die läge 180 Werst von Moskau und sobald wir erst einmal einen anderen Weg, als den die Armee nähme, eingeschlagen haben würden, sollte unsere Reise schon angenehmer und der Transport weit weniger beschwerlich werden, indem es hernach nicht mehr an Wagen zur Fortbringung sämtlicher Gefangenen fehlen würde. Wir setzten nun unsern Marsch ununterbrochen fort und kamen durch das niedliche Städtchen Kolomna, welches durch seine netten Gebäude auffiel. Auch von hier flüchtete sich schon ein großer Teil der Einwohner, fürchtend, den unaufhaltsamen Anmarsch Napoleons, und man eingestehen, dass die Lage der Dinge wohl nicht geeignet war, für uns Gefangene eine günstige Stimmung in dem Innern Russland erwarten zu lassen, doch kann ich versichern, dass ich nur wenige Male Ursache fand, mich über eine unfreundliche Behandlung zu beklagen und auch diese war nur durch eine absichtlich gehässige Schilderung, die man den niederen Volksklassen von uns gemacht hatte, entstanden. Hätte man von dem ersten Eintritt in Russland an anders verfahren, hätte man die Eigentümlichkeiten des Volkes und seine strengen fanatischen Religionsbegriffe und Gebräuche gehörig geehrt und gewürdigt, und ihm eine günstigere Perspektive hinsichtlich seiner Verhältnisse, wozu es nicht an Stoff mangelte, gezeigt, hätte man, sage ich, dieses alles wohl und reiflich berücksichtigt, so würde sich meines Bedenkens, auch manches anders gestaltet haben.

Den 5ten Tag erst nahmen wir, indem wir uns rechts hielten, eine andere Direktion als die war, welche die russische Armee einschlug, und bald verhallte der Donner des Geschützes und wir zogen durch einen wohl angebauten Strich Landes, der noch keine Spur des Krieges zeigte. Auch bekam die Kolonne hier versprochenermaßen Wagen zum schnelleren Transport. Ein schwarzer fruchtbarer Boden, ein beträchtlicher Viehstand, ein fröhliches Volk, welches trotz dem Druck, der auf ihm lastet, diesen weniger oder gar nicht zu fühlen scheint, und stets entströmt fröhlicher Gesang seinen Lippen, dies alles macht die Gegend zu einer der angenehmsten und fruchtbarsten in Russland.

Den 10ten oder 11ten Tag kamen wir in Rjazan an, dessen viele, aus goldner Kuppel leuchtenden grünen Türme, einen schönen Anblick gewährten. Herrliche Gouvernements-Gebäude, so wie auch andere, Privatleuten zugehörigen, sehr wohl gebaute Häuser verschönerten die Stadt und ein bedeutender Wohlstand der Einwohner leuchtete aus allem hervor.

Der General St. Genie, sein Adjutant und sein Koch, welchen letzteren ich nicht mit den Grenadier da la Gascogne zu verwechseln bitte, denn er war ein echter gewiegter Künstler, Leutnant Schillinsky und ich kamen in ein wohlgebautes Haus ins Quartier. An neugierigen Besuchern fehlte es uns hier auch nicht. Noch erinnere ich mich eines ältlichen, freundlichen Mannes in Uniform, der unter diesen war. 7 verschiedene Ordenszeichen prangten pyramidalisch auf seiner Brust und da mir damals eine solche Kreuzquantität noch neu war, so frug ich, in welchen Feldzügen und Schlachten er sich diese Zeichen des Verdienstes erworben hätte? Zu meinem Erstaunen erwiderte er mir, ohne im geringsten durch meine Frage in Verlegenheit zu geraten: ich war noch nie im Krieg, mein Herr! Diese Dekorationen wurden mir sämtlich wegen meiner Dienstjahre und geleisteten Friedensdienste erteilt. Die Gattin des Hausherrn schien noch aus dem blutdürstigen Amazonengeschlecht herzustammen, denn sie versicherte mich – so übersetzte mir unser Führer die holde Rede – dass es ihr weit angenehmer sein würde, wenn ich statt ins

Gesicht ins Herz blessiert worden sei, versteht sich wohl, um keiner Missdeutung Raum zu geben, von einem Kosakenspieß.

Nur 2 und einen halben Tag wurde dem Leutnant Schillinsky von dem Gouverneur gestattet, mit seinen Gefangenen hier zu verweilen; wahrscheinlich fürchtete letzterer die noch zu große Nähe der Franzosen und mit emsigen Fleiß suchte daher jeder von uns, der nur einen Fond besaß, dass ihm am nötigsten war, zu verhandeln. Schade, dass keine israelitischen Krämer hier zu finden waren, denn nur mit großer Mühe brachten wir bei der großen Unbekanntschaft mit der Sprache und der Stadt, das Erforderliche zusammen. In der Tat konnte man hier zu meiner großen Verwunderung recht vielerlei in den wohlformierten Kaufläden finden. Es fehlte weder an Gegenständen des Luxus noch des gewöhnlichen Bedarfs; alles aus dem Auslande herbeigezogene war freilich sehr teuer, dagegen wieder alle im Inlande gefertigten Artikel als z.B. Fayence, Seife, Nesessaires, Stahlwaren pp. recht wohlfeil waren.

Eine ganz andere Idee hatte ich – nach früheren Reisebeschreibungen – von diesem, sich der asiatischen Grenze nähernden Teil der großen Monarchie gehabt. Augenscheinlich ist es, dass dieses Land unter seinen letzten Selbstherrschern seit Katharinas Zeiten Riesenschritte in den verschiedenen Zweigen der Kultur gemacht hat, besonders in Betreff der Städtischen.

Der Herr Gouverneur – ich entsinne mich nicht mehr seines Namens – war weder so neugierig, und sehen zu wollen noch so herablassend, sich uns zu zeigen, und wir fuhren daher ohne sein Antlitz zu schauen weiter nach Tambow, wohin wir von Rhaesan ausgewiesen wurden.

Die Entfernung zwischen diesen beiden Städten beträgt 380 Werste; das Land bietet wenig Abwechslung dar, man gewahrt nichts als eine, das Auge ermüdende Fläche schwarzen satten Bodens – Wiesensteppe glaube ich erst hinter Tambow bemerkt zu haben – und nirgends Waldungen. Selbst die hier und da mit Sorgfalt in denen Dörfern gepflanzten Allee-Bäume hatten nur einen verkrüppelten Wuchs – wahrscheinlich müssen hier die zu fetten Bestandteile der Erdarten dem Holzwuchs nicht zusagen.

In den Korndörfern waren die Nachtquartiere leidlich, in andern aber, vermöge des Rauches und der Unreinheit in den kleinen dunklen Stuben unerträglich.

Da der Herbst sehr schön war – alte Leute versicherten, in vielen Jahren keinen ähnlichen erlebt zu haben und wir Kurzsichtigen hielten dies für eine Einwirkung von Napoleons günstigen Gestirn – so wählte ich fast beständig meine Lagerstätte in einem der offenen Schuppen, welche in der Regel den Hof eines russischen Bauern begrenzen, und befand mich sehr wohl dabei.

Überhaupt zeigte sich bei den meisten Gefangenen eine fröhliche Stimmung, denn Jeder rechnete auf eine sehr baldige Rückreise, da der Abschluss des Friedens in Moskau uns ganz unbezweifelt schien, und tönte über die weite Fläche das Kurier-Glöcklein eines Eilboten, so waren wir schon in froher Erwartung und einer rief dem andern zu der Befehl zu unserer Befreiung kommt! – Glück auf, es ist Friede! Doch S. schüttelte stets mit dem

Kopf, wir aber hielten seinen Zweifel für Missgunst oder Befangenheit.

Es fehlte fast an nichts auf dem Marsche – ich spreche, wie sichs wohl von selbst versteht, nur von den nötigen Lebensbedürfnissen – Leutnant Schillinsky sorgte bestens für uns, Fleisch und Gemüse und andere Viktualien waren sehr wohlfeil. Auch ereigneten sich bisweilen wahrhaft komische Szenen, wozu der Arzt Cavalca am meisten Veranlassung gab.

Er studierte nämlich fleißig die Gebräuche der russischen Bauern, verneigte sich stets ehrbar gegen ihre kleinen Hausheiligen, die gewöhnlich in den Stubenecken aufgestellt waren und hatte sich selbst mit einem versehen, kurz allenthalben war er vorzugsweise freundlich aufgenommen.

Anfänglich zwar rief er zum öftern: ahle malatetti misicanti! Muschik, nämlich die Benennung eines russischen Bauern, übersetzte er in Musicanti und hielt diese bärtigen Männer allerseits für Virtuosen, welches sie in gewisser Hinsicht wohl auch waren, hernachmals bei der häufigen Spendung von Eiern, Enten und dergleichen, versicherte er dagegen, dass die excellentissime musicanti wären.

Ohngefähr 150 Werst von Rhaesan kamen wir durch ein Dorf, wo mich der Besitzer, ein quieszierender General, rufen ließ. Ich ward in eine Art von kleinen, recht angenehm liegenden Park von Birkengehölz geführt.

In dieser Gegend ist, wie ich bereits erwähnt, jede Art von Bäumen eine große Seltenheit, obgleich man die

Birken als Lieblingsbäume der Russen der Russen betrachten kann.

In der Mitte dieser Anlage befand sich ein eben nicht großes, doch in recht gutem Geschmack erbautes, aus einem Erdgeschoß bestehendes Landhaus. Die Wände waren mit schönen Kupferstichen verziert, die Fenster und Siegel groß und hell, die Stubenböden mit Teppichen belegt und die Meubles modern einfach und nett. Alles dieses bewirkte schon im Voraus in mir eine günstige Meinung für den Eigentümer dieser Villa. Nach wenigen Minuten trat er in den Vorsaal mit einer Haltung und eine Benehmen, dass den Weltmann bezeichnete und gleichzeitig drückte sich in seinen Zügen ein hoher Grad von Gutmütigkeit und Gefälligkeit aus. Er hieß Korsakow, mochte einige 50 Jahre als sein und war ein naher Anverwandter des Generals Korsakow, welcher im Jahr 1799 in der Schweiz kommandiert hatte.

Er äußerte, dass, da er gehört, es befände sich ein deutscher Oberst unter den gefangenen Offizieren, er gewünscht hätte, meine Bekanntschaft zu machen, denn Deutschland sei ihm noch wegen mancher im werten Reminiszenzen aus seinen früheren Jahren sehr wert; er habe es mehrere Male durchreist und schätze die Nation wegen ihrer Biederkeit, ihres Fleißes und ihrer Industrie. Ich brachte einen rechten interessanten Abend bei ihm zu. Er versicherte mir, sich viele Mühe gegeben zu haben, so mancherlei unsere Sitten, Ackerbestellung, Bauart pp. betreffend unter seinen Untertanen einzuführen, allein, dennoch blieben sie bei ihrem alten Schlendrian und ihren verjährten Gewohnheiten pp.

Ich bemerkte, dass im Allgemeinen wohl in keinem Lande der Bauer leicht von seiner gewöhnlichen Methode zu wirtschaften abginge, indem er diese, seinen beschränkten Begriffen gemäß, immer als die vorzüglichste betrachte, allein dennoch überzeuge man den unsrigen am Ende durch Geduld und durch Beispiel, wenn man sich nur bemühe, ihm das Neue so recht handgreiflich ad oculos zu demonstrieren. Aus dieser Rücksicht wundere ich mich, dass der Russe, welcher in den höheren Ständen so leicht in seiner Lebensweise die Bildung der südlicheren Nationen anzunehmen geneigt sei, bloß in der gemeinen Klasse so fest an seinen Vorurteilen hängen solle pp.

Mit möglichster Bescheidenheit erlaubte ich mir noch hinzuzufügen, dass vielleicht bloß die Art, wie er seine Untertanen eines Besseren hätte überzeugen und belehren wollen, die Ursache des Misslingens sei, allein er erwiderte, dies sei nicht der Fall, und wenn ich erst die Nation genauer würde haben kennenlernen, so würde ich mich leicht davon überzeugen.

Der General Korsakow hatte, wie ich später einsehen lernte, in der Tat vollkommen recht, denn ohngeachtet die deutschen Kolonisten damals schon 40 Jahre in der Gegend von Saratow pp. sich eingesiedelt hatten, und mit großen Erfolg den Landbau betrieben, so ahmten ihnen dennoch die russischen Bauern nichts nach, indem sie versicherten, dass ganze neue Wesen tauge nichts. Ich schied mit wahrer Achtung von diesen Cincinnatus, der nach vollbrachter Kriegspflicht seine Gutsherrenpflichten mit soviel Eifer und richtiger Beurteilung erfüllte.

Später liefen wir einmal in einem Dorfe Gefahr, in eine Art Gefecht zwischen den Bauern und dem uns eskortierenden Militär verwickelt zu werden. Der Leutnant S. nämlich machte mit Barschheit und Ungestüm mancherlei, wozu er nicht berechtigt war, von denen sonst so willfährigen Muschiks ohne Zahlung verlangt haben z.B. Vorspann und dergleichen, doch in diesem Dorfe waren sie nicht so nachgiebig, wie sie es noch meistens in Russland gegen das Militär sind, sondern rückten mit allerhand rustikalen Waffen gegen ihn an; ein Teil von ihnen marschierte zugleich auf uns Gefangene los, da wir uns auf eine andere Seite an eine Mauer postiert hatten; doch nach einigen vergeblichen Versuchen, ergriff S., seine Schwäche fühlend, die klügste Partei und gab nach.

Für uns war dies gewiss am klügsten, denn wären die Bauern mit denen wenigen Soldaten einmal fertig gewesen, so hätten sie aller Wahrscheinlichkeit nach uns zum Schluss als eine Art von Wilden – denn wir waren an vielen Orten als Kinderfresser geschildert worden, wovon ich mich selbst einmal überzeugte – ihrem Ingrimm und Eifer geopfert.

Wir legten gewöhnlich jeden Tag 30 bis 40 Werste zurück und machten auch einige Male Rasttage. Den 11ten oder 12ten Tag kamen wir in Tambow, eine ziemlich bedeutende Stadt und Hauptort des Gouvernements gleichen Namens, an. Hier sollten wir, wie Leutnant S. versicherte, 10 bis 12 Tage weilen.

Mein Quartier wurde mir mit dem polnischen Obersten bei einem Kaufmann angewiesen, allein der Mann wollte schlechterdings, eben so wenig wie seine fette Gattin, mit den französischen Ankömmlingen nähere Bekanntschaft machen und das zärtliche Ehepaar hatte deshalb aus der uns bestimmten Stube bereits den Ofen wegnehmen lassen. Demnach wurden wir durch die Polizei eingeführt, doch kaum waren wir allein, so kam der Hausdespot mit 3 kolossalen Gehilfen und nötigte uns wieder hinaus; zum zweiten Mal wurden wir nun par force in dieses Winterpalais installiert, doch kaum hatten wir aufs Neue Possess genommen, so wurden wir auch schon wieder von dem grimmigen Kauf- und Handelsherrn delogiert.

Der Korodnice oder Polizeiminister, ein wahrer Roland und eben kein besonderer Protektor der Gefangenen erzürnte sich jedoch darob höchlichst und setzte nunmehr eine Wache vor die Tür, womit die Sache ihr Bewenden hatte.

Indes blieben wir die ganzen 12 Tage hindurch ohne Ofen, wodurch unsere Existenz allerdings für das russische Oktoberklima etwas zu kühl und luftig ward.

Den Tag nach meiner Ankunft kam Leutnant S. zu mir und äußerte, dass wenn ich hier meine Garderobe instandsetzen und mir etwaige Bedürfnisse anschaffen wollte, ich dazu in Tambow hinlänglich Gelegenheit finden würde, indem die Kaufläden mit einer großen Verschiedenheit von Waren versehen wären.

Zugleich fragte er mich, wie es mit meiner Kasse stünde, und ob ich ihn, wenn er mir eine gewisse Summe vorstreckte, diese wieder durch Petersburger Bankiers zurückzahlen könnte? Ich bejahte dieses und gab ihm den erschöpften Zustand meines Fonds an, indem ich seither außer mehreren notwendigen Ausgaben auch noch einigen Offiziers mit kleinen Vorschüssen ausgeholfen hatte. Hierauf gab er mir 400 Rubel und ich ihm dagegen eine Obligation auf 50 Dukaten.

Selten genug mögen wohl ähnliche Fälle in der Geschichte der Gefangenen sein, denn er bewies allerdings von Seiten des Leutnant S. einen hohen Grad von Zutrauen und Teilnahme, einem ganz fremden Mann, den Niemand kannte, diese nicht unbedeutende Summe auf seine bloße Versicherung der Wiedererstattung vorzustrecken. S. hatte eigentlich gar kein Vermögen und seine Garderobe und Pferde waren auch in einem höchst mangelhaften Zustand, indes spielte er viel und mochte auf der ganzen Reise daher sehr gute Geschäfte gemacht haben, denn seine Börse war reichlich versehen. Später trat wieder einmal Ebbe ein, wie denn dies bei dergleichen Erwerbszweigen zu gehen pflegt; bald reich, bald arm pp.

Nach einigen Tagen wurde den gefangenen Offiziers – von denen etliche zwanzig in einer Stube untergebracht worden waren – gestattet, bis 5 Uhr nachmittags frei in der Stadt herum gehen zu dürfen. Ich benutzte diese Erlaubnis denn auch fleißig.

Die Gegend der Stadt, wo der Basar – Marktplatz – auf einer Erhöhung lag, fand ich recht angenehm, und durch ein sehr schönes und weitschichtiges Kauf- und Ladenhaus geziert.

Das ganze Gebäude bildete ein großes Viereck und ringsherum befanden sich für sämtliche Kaufleute des

Ortes Kaufläden und Niederlagen, oft auch hat ein solches Haus noch einen inneren weiten Hofraum, welche ebenfalls Boutiquen – Lafcas – enthält.

Vor denen Läden war ein unter steinernen Arkaden fortlaufender gedeckter Gang.

Der Kaiser Alexander hat sich auf eine sehr konsequente Weise bemüht, den Geschmack für architektonische Vervollkommnung der Gebäude unter der Nation zu erwecken und die Resultate zeugen von dem günstigen Erfolg seiner Maßregel. Hierüber später ausführlicher.

Tambow ist groß und zählt über 20.000 Einwohner. Den Winter hindurch soll viel reicher Adel hier wohnen. Der Zufall führte mich auch in den Kaufladen meines so antifranzösischen oder vielmehr so grobmassiven Herrn Wirts. Er war erstaunt mich, dem er nicht 10 Rubel in der Kasse zugetraut hatte, in großen Handlungsgeschäften zu sehen, seine barbarische Miene erheiterte sich und nachdem ich Arzor zu einem Überrock – hier die einzige Gattung wohlfeilen Kleiderzeugs, denn das gröbste Tuch ist in Russland enorm teuer – sowie einige andere Kleinigkeiten erkauft hatte, lud er mich höflichst Abends zum Tee ein. Welche Metamorphose bewirkten nicht in dieser Wucherseele einige wenige Rubel. Unter andern Waren-Artikeln fand man hier sehr bequeme und wohleingerichtete Reise-Toiletten mit allen Erfordernissen versehen; der weite Umfang des Reiches, die vielen Reisen, die dadurch nötig werden und der Mangel an Gasthöfen macht für den Russen ein solches Meuble unentbehrlich.

Ich kaufte eine für 15 Rubel, die ich noch besitze. Diese Summe war in der Tat fast unbegreiflich mäßig und gering, da ein solches Kästchen so mancherlei enthielt.

Einige Tage später kam ein hoher eleganter englischer Wagen in raschem Trabe, von stolzen Gäulen gezogen, vor meine bescheidene Wohnung gerollt.

Zwei Denschicks hoben einen modisch gekleideten gravitätisch sich bewegenden ernsten schwarzen Herrn heraus.

Ich wähnte, meinem gestrengen auf- und Handelsherrn sei dieser Besuch bestimmt, allein mitnichten, ich selbst war der Auserwählte. Der Schwarze trat mit einem tir protecteur zu mir und sagte, indem er jedes Endwort mit einem gewissen Pathos betonte, er komme, um mir seine Dienste anzubieten, da er gehört hätte, ich sei ein Sachse. Ohne meinen Dank abzuwarten fuhr er fort, mich von seiner einflussreichen Existenz in dem Hause der Gouverneurs zu unterrichten, dessen Arzt er sei und, fügte er ganz leicht hinzu, es solle von mir abhängen, ob ich hier verbleiben oder der Kolonne nach Orenburg, einem sibirischen Grenzort, wohin ein Teil der Polen bestimmt sei, unter die ich gezählt würde, folge wolle.

Dieser mir noch ganz neue Bestimmungsort erregte doch eine Art von Schrecken in mir, denn ich hatte früher schon sehr viel nachteiliges von der ungesunden Lage pp. dieser Festung gehört, deren Wasser sogar mit schädlichem Gewürm für den Badenden und Trinkenden angefüllt sein sollte; und, so folgerte ich weiter, bist du einmal an der Grenze Sibiriens, so musst du wohl auch gelegentlich den Weg in dieser Wildnis noch weiter fortsetzen und nolens volens dir mit der Zobel- und Hermelin-Jagd eine Kurzweile machen.

Doch hier in Tambow zu bleiben wünschte ich aus mehreren Gründen auch nicht, unter denen der vorzüglichste war, dass ich seit einigen Tagen die Bekanntschaft eines jungen Mannes des Fürsten Hohenlohe-Kirchberg, Flügel-Adjutanten des Königs von Württemberg, gemacht hatte, zu dem ich mich, vermöge seiner liebenswürdigen Eigenschaften und seiner besonderen Zuvorkommenheit und Aufschließens an mich sehr hingezogen fühlte. Wir hatten den Plan geformt, künftig wo möglich zusammen zu bleiben, eine gemeinschaftliche Wohnung zu beziehen, um als treue Landsleute gleiche Schicksale miteinander zu teilen, Da er aber mit einem Teil der gefangenen Offiziere nach Saratow dirigiert werden sollte, so wäre durch diese Absendung nach Orenburg, mit der man mir drohte, mein ganzes schönes Projekt auf einmal grausam zerstört worden. Ich bat daher Herrn Dr. Schmidt – so hieß mein Protektor – sein möglichstes anzuwenden, dass ich statt nach Sibirien nach Saratow transportiert werden möchte, setzte ihm meine Gründe auseinander, versicherte ihm meines innigsten Dankgefühls für sein Erbieten, mich hier zu behalten und schloss, dass bloß die Verkettung der Umstände mich hindern könne, es anzunehmen; übrigens lege ich von nun an mein Schicksal getrost in seine Hände. Er aber versprach mir, geschmeichelt durch meine Rede, die tätigste Mitwirkung für mein Bestes.

Das er Sachse sei, hatte ich sogleich an seinem halbgebirgischen Akzent, der sich durch die Verwechslung des o und u ausspricht, bemerkt, indes erwartete ich seine Eröffnung darüber und diese erfolgte auch.

Er war früher Kompanie-Chirurg beim Regiment Gersdorf Dragoner gewesen, hatte seinen Abschied genommen, war als Chirurgus nach Russland, wohin man damals eine große Anzahl Wundärzte kommen ließ, verschrieben worden, hatte binnen weniger Jahre in verschiedenen Provinzstädten ein Vermögen von 30.000 Rubeln erworben und war dann wieder nach Sachsen zurück gekehrt, um sich im Vaterlande zu verheiraten und die erworbene Summe mit Gemächlichkeit zu verzehren.

Beides war auch bald erfolgt, dass nachdem die Kassette leer war, welches bereits nach 5 Jahren sich zeigte, da er seinem Ausdrucke gemäß, recht sonett in Dresden gelebt hatte, sah er sich genötigt, einen zweiten Zug nach Norden mit der Gattin zu unternehmen und befand sich anjetzt, seinen Äußerungen nach, schon wieder in einem recht leidlichen Wohlstand, indem er ein Haus, 7 Pferde und 5 Leibeigene besäße. Jedoch versicherte er, dass, sobald er 50.000 Taler aufs Neue zusammen gebracht hätte, er ohne weiteres wieder zurück an die Elbe kehren wolle. Denn nirgends befände man sich wohler und besser als an den schönen Ufern des Flusses, wobei er dann die einzelnen Jouissancen der Sommerplaisiers und Kaffeegarten auf dem Sande, als da sind Mohn-, Waffel-, Spritz-, Stangen- und noch eine Legion andere Kuchen, womit man sich für ein geringes daselbst delektieren könne, zu nennen wusste.

Alle diese Details erfuhr ich nach und nach von ihm und seiner Frau. Ob er nun später seinen Plan zu realisieren vermocht hat oder ob er noch in Russland lebt, habe ich nie erfahren können. Abgerechnet der Sucht nach Ostentation, abgerechnet dem Bestreben eine sehr wichtige Personage zu scheinen und mit einem verworrenen, hochtrabenden, unverständlichen Mischmasch von sein sollenden Gelehrten-Floskeln, die jedoch meistens in Unsinn bestanden, seine Zuhörer zu ermüden, war er ein guter, teilnehmender Mensch, dem ich und Beulwitz wesentliche Gefälligkeiten zu verdanken haben. Das er mit seiner Eloquenz hier echt viel Glück machte, bewies übrigens sein Haushalt, Wagen, Pferde und Denschicks. Er führte mich nach einigen Tagen bei dem Gouverneur ein, dem ich einige offene Briefe nach Sachsen zur Bestellung überreichte. Aus der Art sie zu empfangen und aus seinen ganzen vornehmen, kalten, absprechenden Benehmen konnte ich folgern, dass sie nie ihre Bestimmung erreichen würden, welches auch der Fall war.

Ich brachte hier einen großen Teil meiner Zeit mit dem Prinzen zu, bei dem ich einen Rittmeister Sirakowsky, einen höchst einnehmenden jungen Mann und einen anderen Polen, Namens Jankrowsky – den Farceur der Gesellschaft – kennen lernte. Wir wünschten uns keinen größeren Zirkel und verlebten manche froh Abendstunde gemeinschaftlich zusammen.

Noch eine besondere Bekanntschaft und Wiederfinden ward mir hier zu teil.

Eines Abends nämlich pochte man an unsere Stubentür und ein artiges Mädchen trat schüchtern aus dem Dunkel ein. Sie bat mich und Descorps in ein nahe gelegenes Haus zu kommen, wo ein Landmann von mir sowie ein Landsmann von ihm uns erwartete. Den Namen wollte das blöde Kind nicht nennen und da unser Wächter – zu gleicher Zeit mein dienstbarer Geist, ein Soldat der Eskorte, ein braver guter Mensch, nur war er gewöhnlich in der Woche zweimal, vermöge der durch gebrannte Wässer bewirkten Begeisterung, zu allen Erdengeschäften untauglich – eben sich in der Krisis befand, oder wenn man lieber will, in Spiritus lag, so beschlossen wir getrost das Abenteuer zu bestehen und der Kleinen zu folgen.

Wirklich war auch die Entfernung des Hauses, zu dem wir geführt wurden, nicht bedeutend. Sie begleitete uns in ein nettes Unterstübchen, in welchem zwei Damen saßen. Die eine erhob sich und trat uns mit vielem Aufwand entgegen, die andere blieb im Lehnstuhl und schien leidend. Die uns Empfangende mochte ohngefähr 30 Jahre zählen, hatte eine hohe schöne Bildung, ein feines Teint und das große schwarze Augenpaar war feurig und sprechend.

Sie redete uns in französischer Sprache sehr geläufig an, indem sie versicherte, sie hätte dem Wunsche unmöglich widerstehen können, einen lieben Landsmann und Freund ihres Bruders, des Obersten Prebentowsky bei sich zu sehen, besonders würde er sie sehr verbinden, wenn er ihr einige Nachricht von diesem teuren Bruder geben könne, da sie seit seiner Gefangennehmung bei Rojatschen ohne alle tröstende

Kunde von ihm geblieben wäre. Dann wandte sie sich zu mir und äußerte, dass ihr Mann, ein guter Bekannter von mir, sehr bald wieder heimkehren würde. Als Jüngling, fügte sie hinzu, hätten wir bereits in freundschaftlichen Verhältnissen gelebt, und ohne je ahnen zu können, mich wieder zu sehen, hätte er dennoch oft von mir gesprochen; allein seinen Namen sollte ich nicht eher als mit seiner Erscheinung erfahren.

Man denke sich nach allen diesem meine erwartungsvolle Spannung. Die Unterhaltung ward nun recht lebhaft, über so manche Gegenstände wurde gesprochen, über das Land, welches wir durchpilgert hatten und noch durchpilgern würden, über Polen und Deutschland und endlich über unsere eigene Schicksalsverkettung. Die Gräfin drückte sich über alles sehr gut aus, verriet vielseitige Kenntnisse und ihr ganzes Benehmen bewies, dass sie viel Geistesbildung und Weltton besaß. Über ihre eigene Geschichte sprach sie bloß im Allgemeinen und erzählte uns nur, dass der feindliche Andrang sie und ihren Mann genötigt hätte, Moskau zu verlassen. Ein allerliebstes Mädchen von ohngefähr 6 Jahren, eine kleine Psyche, spielte dabei zu der Mutter Füßen und interessierte uns durch ihr niedliches Gesichtchen und Naivität. Es wurde Tee serviert und jetzt erst erschien der längst erwartete Gatte.

Kennen Sie mich, mein Freund? Doch nein, Sie kennen mich nicht mehr, denn seit wir uns nicht sahen sind schon 20 Jahre in das Chaos der Zeit dahin geflossen und so manches Ereignis hat mich seit dieser langen Zeit betroffen, aber ich, ich kenne sie gleich wieder, ob schon aus dem fröhlichen Jüngling ein ernster Mann und zwar, wie Figura zeigt, ein wahrer Kreuzzügler ward! Der Ton seiner Stimme schlug mächtig an mein Ohr, auch ich kannte ihn, freundliche Bilder der Vergangenheit schwebten vor meiner Fantasie und dennoch wusste ich ihn nicht zu nennen. Nachsinnend schwieg ich, er aber betrachtete mich einige Zeit bedeutungsvoll – dann sagte er: so verwischt die Zeit denn Alles! und selbst alle jene hochfliegenden stolzen Pläne, die das ehrgeizige Jünglingspaar einst an einem schwülen Sommerabende unter den tausendjährigen Eichen an Luthers einsam gelegenen Brunnen schuf, sind aus der Erinnerung vertilgt! Das damals friedliche Europa schien ihnen ein zu enger Raum für ihre Kampf- und Tatenlust, hinüber wollten sie schiffen, um in einem anderen Weltteil rühmliche Abenteuer zu suchen! Mein Freund, fuhr er fort, erkenn mich endlich wieder! Und ich erkannte ihn und drückte ihn ans Herz. Es war G.... mit dem ich gleich beim Beginn meiner akademischen Laufbahn vom 15ten bis zum 17ten Jahre im engsten Verein gelebt hatte.

Immer stand sein Sinn weit hinaus in die Welt immer schweifte sein Blick in einer romantischen Zukunft. Alles was er begann, ward ihm unglaublich leicht, er war im wahren Wortverstande ein genialer Kopf, besonders besaß er viel Talent für schöne Künste, er spielte z.B. mehrere Instrumente mit Vollkommenheit, zeichnete vortrefflich und sprach, wenn sein Geist sich von dem prosaischen Alltagsleben losriss nur in Jamben und Hexametern.

Aber leider war seine Wirtschaft auch sehr pretisch, denn ohngeachtet eines bedeutenden Zuschusses fehlte es ihm gleich nach den ersten Wochen des Empfanges schon wieder schon wieder an allem edlen Metall und seine Garderobe und Börse bildeten dann gewöhnlich ein totales Vakuum. Ich für meine Person ging damals nach einem Aufenthalte von 18 Monaten von Wittenberg nach Leipzig, um hier den Pandecten eine anziehendere Seite abzugewinnen, welches mir jedoch in der schönen Lindenstadt auch nicht glücken wollte – und G.... ergriff bei einer mondhellen Nacht ebenfalls den Wanderstab, begab sich nach Hamburg und von da nach England, um sich einzuschiffen – wie dies schon immer seine Lieblingsidee gewesen war – und sein Glück in der neuen Welt zu suchen, da es in der alten nicht gedeihen wollte.

Es würde mich zu weit von meinem Zweck entfernen, wenn ich ihn von England nach Amerika, von da wieder nach Hispania pp. begleiten und all die mannigfaltigen Metamorphosen aufzählen wollte, zu denen die launige Göttin ihn bestimmt hatte, ich bemerke daher bloß, dass pertot varios casus, pertot diserimi narerum pp. er sich endlich genötigt sah, die Malerei zu seinem letzten Hilfs- und Nahrungszweig zu erwählen und statt junonischer Formen sehr oft faunenartige Missgestalten verschönern musste. Auf seinen Künstler-Kreuz- und – Querzügen kam er denn auch nach Riga, fand hier eine reizende trauernde Ariadne – seine jetzige Frau, welche sich aus dem väterlichen Hause hatte entführen lassen, hier aber von den ungetreuen Theseus auf das schändlichste wieder verlassen worden war – übernahm sehr bald die Rolle des tröstenden Gottes und suchte die holde

Verwaiste für den erlittenen Verlust möglichst schadlos zu halten.

Das neue Ehepaar durchzog nu Russland und hatte seit 7 Jahren in Moskau fixiert, wo er sein Talent für Miniatur-Malerei geltend machte. Er war ohne Zweifel ganz durch sein eigenes Genie einer der vollkommensten Miniatur-Maler unter den jetzt lebenden geworden; seine Bilder schienen auf das Elfenbein lebenslustig hingehaucht, so fein und leicht zerfloss das Kolorit in echt grassischer Manier in einander. Er verstand, wie er mir Laien zu erklären suchte, nach dreierlei Schulen zu malen, ich glaube in italienischer, niederländischer und deutscher Manier und sein Ruf und sein Gelderwerb waren gleich groß. Zwischen 25 und 30.000 Rubel, versicherte er, habe er alljährlich eingenommen, jedoch seiner Jugend-Gewohnheit treu, welche die treue Gattin durch ihre Gastlichkeit, Luxus und Modeliebhaberei noch vervollkommt hätte, sei stets am Silvesterabend Table nette die zu entschiffernde Charade gewesen und bei seinem forcierten Auszuge wäre ihm bloß die genauere Berechnung mit seinen Gläubigern in Moskau erspart worden, denn eigentlich hätte er dabei blutwenig verloren. So ohngefähr lautete in extenso seine Erzählung und jetzt malte er wieder in Tambow frisch drauflos und hatte eben 4 Portraits in der Arbeit, welche er nebst einigen Familiengruppen, alle zugleich zu entwerfen angefangen hatte. Ich fand, dass er, obgleich 20 Jahre älter, an leichten Sinn eigentlicher Weltensicht und Hang zur Ungebundenheit durchaus noch ganz der Alte war, nur fehlte ihm, wie ich bald bemerkte, bei alledem die ungetrübte, stets frohe Laune, welche den

Jüngling charakterisierte. Diese Himmelstochter hatte leider der üblen Laune seiner Gattin weichen müssen, von der freilich im gesellschaftlichen Leben wenig sichtbar wurde, da sie ihr böses Spiel bloß hinter den Gardinen trieb, denn mit einem Worte, die Gräfin behagte sich nicht mehr als Künstlers Frau, der erste Rausch war verflogen, sie hatte tausend und abertausend Bedürfnisse der großen Welt und sehnte sich seufzend nach ihren früheren glanzvollen Verhältnissen und ihren vornehmen Verwandten zurück. Wohl musste es höchst interessant sein zu wissen, welches Wendung noch das dieser beiden Leute genommen hat. Bloß ein einziges Mal erhielt ich einen Brief von ihr nach Saratow, wohin sie, einer mit uns getroffenen Verabredung gemäß auch hatten reisen wollen, allein durch Krankheit daran gehindert worden waren.

Frau von G.... schrieb mir damals, was ich schon früher in Tambow geahnt hatte. Das sie Willens sei, sich von ihrem Mann zu trennen, denn zu ihrem beiderseitigen Wohl sei dies erforderlich, indem nur durch diesen Schritt sie sich mit ihrem Bruder aussöhnen könne und alsdann im Stande befinden würde, für G....s Support im Alter, wenn die Kunst ihm untreu würde, zu sorgen. Ich glaube recht gern, dass sie dieses Alles beabsichtigte, denn ich hatte alle Ursache, sie für ein teilnehmendes Wesen zu halten, allein eine neue Leidenschaft trug doch wohl das Meiste zu diesem wohlberechneten Plan bei, deren Gegenstand kein anderer als mein Reisegefährte Descorps, jedoch schien dieser Mann, der so konsequent und berechnend sich in allen

Angelegenheiten des Lebens benahm, nicht gleiche Gesinnung mit der Gräfin zu haben.

Wie sich nun alles dieses später noch beendet und gelöst hat, weiß ich nicht, auch D.... wurde von Saratow weiter nach Czercas transportiert und ich habe nicht einmal in Erfahrung bringen können, ob er nach Polen zurück gekommen ist.

Das Wetter war während unseres ganzen Aufenthalts in Tambow, so wie auf der ganzen Reise recht schön; der heitere Himmel ließ uns den russischen Herbst nur sehr wenig bemerken und die Nordstürme, sie sonst zum öftern hier ein arges Unwesen treiben, schienen gefesselt; bloß die Nächte waren kalt. Daher benutzten wir denn auch unsere Muse, um den Tag hindurch recht viel in dem Bezirk der Stadt herum zu wandern. Der General St. Genie, der Fürst H., ein Oberst Grave, ich und einige andere höhere Offiziere machten diese Spaziergänge gewöhnlich gemeinschaftlich und bald gewöhnten sich die Einwohner daran, uns zu sehen und ließen uns ohne gehässige Bemerkungen unsere Umgänge machen, welches anfänglich nicht der Fall war.

Der General hatte auch hier die Güte, uns selbst als Kostgänger an seinen Tisch aufzunehmen, welche für uns bei der Schwierigkeit eine nur leidliche Beköstigung zu finden, eine große Erleichterung war.

Doch auch tragische Ereignisse unterbrachen mitunter unsere stille Ruhe und ließen uns gewahren, dass wir behutsam in unseren Äußerungen und Meinungen sein müssten, da uns sonst leicht eine noch weitere Reise noch bevorstehen könne.

Ein polnischer Wachtmeister nämlich – seines Zeichens ein so genannter Schlachtschütze – den der Fürst H…. zu sich genommen hatte und der ein recht gewandter und artiger Mensch war, ward von dem fürchterlichen Polizei-Meister eingezogen und bekam in mehreren Reprisen achthundert Hiebe, so dass man die erste Woche seinen Tod für unvermeidlich hielt. Sein Verbrechen hatte darin bestanden, dass er einem Kaufmann, welcher den Zucker mit dem dicken Papier zugleich und überhaupt unrichtig gewogen hatte, sagte, dass wenn die Franzosen einmal hierher kämen, bald ein christlicheres Gewicht und eine bessere Polizei eingeführt werden würde.

Allerdings war hier und unter den obwaltenden Verhältnissen eine solche Äußerung nicht an ihrem Ort, indes war diese tyrannische Bestrafung ein Avis an lecteur, denn manche der jüngeren gefangenen französischen Offiziers hatten in Gemäßheit der dieser Nation eigentümlichen Lebhaftigkeit ihre Bemerkungen über mehrere Einrichtungen und Gebräuche zu unbefangen ausgesprochen und diesen wollte man Zaum und Gebiss anlegen.

Den Dr. Schmidt besuchte ich während unseres Aufenthalts mit Beulwitz zum öftern und wir erhielten durch ihn manche uns nützliche Notizen.

Er war ein gefälliger und teilnehmender Mann, der den Gefangenen bei der hier gegen sie herrschenden unfreundlichen Stimmung wirklich wesentliche Dienste leistete.

Endlich verließen wir Tambow wieder und unser Nachtlager war in einem kaum 15 Werst davon gelegenen Dorf namens Raskozoca, wo mir noch mancherlei erinnerlich ist, als erstens, dass es an einem mit Birkenholz bewachsenen Hügel recht angenehm lag, zweitens, dass wir in den höchst elenden Bauernhütten kaum ein Obdach finden konnten und bis in die Nacht im Freien bleiben mussten und dass endlich drittens der Bau eines Schlosses im vortrefflichen Geschmack soeben beendigt worden war. Die ganze Form desselben, das Säulenwerk, das Portal, die Höhe und Einteilung der Zimmer und Säle sowie die begonnenen Gartenanlagen zeigten, dass der Besitzer viel Schönes und Geschmackvolles gesehen hatte und wahrscheinlich ein sehr gereister Mann war.

Ein gefälliger Kastellan, welcher vollkommen deutsch sprach, führte mich mit einigen Offiziers in den Gebäuden herum und am Ende sogar bis auf die oberen Boden, durch welche das Licht auf die Säle fiel. Bemerkenswert waren hier die enormen Haufen von Haselnüssen, welche gleich dem Getreide aufgeschüttet lagen und dennoch hatte ich auf der ganzen Tour von Moskau bis hierher noch nicht ein einziges Gehölz von Haselnußsträuchern durchzogen.

Die Entfernung von Tambow nach Saratow, als unseren endlichen Bestimmungsort, betrug 400 Werste. Von den Eigentümlichkeiten und Schönheiten der Gegend lässt sich – außer dem, was ich schon früher erwähnt habe – wenig sagen. Ein ebenes Land, schwarzer fruchtbarer Boden, üppiger hoher Graswuchs, meistens schlecht gebaute Dörfer /: mit Ausnahme derer, welche unter der

Benennung Krondörfer, weil sie der Krone d.h. dem Kaiser und nicht dem Privaten gehörten, sich vorteilhaft hinsichtlich der Wohlstandes der Bauern und der Gebäude von den anderen unterschieden :/ und große schöne Kirchen, deren sehr hohe Türme schon von Weitem die Aufmerksamkeit des Reisenden auf sich zogen, sind die Hauptgegenstände, welche man bemerkt. Auf den Bau der Kirchen werden überhaupt in Russland bedeutende Summen verwendet, mitten unter den elendsten aus Holz uns Stangen zusammen gefügten Bauernhütten steht oft eine Kirche, welche an Pracht und Architektur so manche deutsche Kathedrale übertreffen würde.

Da der russische Bauer seinen Dünger wegen der natürlichen Fruchtbarkeit des Bodens nicht zum Feldbau bedarf, so sieht man rings um die Ortschaften herum hohe Berge davon angehäuft und man hat mir versichert, dass man oft, um diesen Düngermassen zu entfliehen, die Dörfer an andere Plätze hat verlegen müssen. So sich Flüsse oder Erdschluchten vorfinden, wird der Dünger in diese gebracht. Ohngefähr 150 Werst von Tambow blieben wir in einem Städtchen Namens Serdowsk – so hieß es, wenn ich mich nicht irre – in welchem sich sowie in den umliegenden Dörfern gegen 3.000 türkische Gefangene befanden. Sie waren meist noch gut bekleidet, obgleich sie sich schon über 2 Jahre in der Gefangenschaft befanden und hatten mitunter sehr schöne Schals um die Turbans gewickelt. Es waren Menschen von Mittelschlag, meistens mager mit schmaler Gesichtsform, mit sprechenden ausdrucksvollen Physiognomien, einer hohen Stirn, feurigen Augen und spitzem Kinn sowie scharf hervorstehenden gekrümmten Nasen.

Der General St. Genie, welcher mit Napoleon in Ägypten gewesen war und arabisch sprach, unterhielt sich mit mehreren und meinte, mit diesen kühnen unternehmenden Leuten würde sich in diesen entfernten, Soldaten leeren Provinzen leicht ein Aufstand organisieren lassen, denn dass die Türken mit den Russen Frieden geschlossen hätten, wollte er schlechterdings nicht glauben, obgleich es uns bereits auf der ganzen Reise daher versichert worden war.

Ein solcher Plan konnte unter den obwaltenden Umständen wohl nur den feurigen Franzmann ausführbar erscheinen, denn tausend nicht zu beseitigende Hindernisse würden auch bei dem Mitwirken der Muselmänner ihn scheitern gemacht haben, da es an nichts weniger als an Waffen, Munition und noch an so manchen andern fehlte pp. Abends kamen einige der vornehmsten türkischen Gefangenen zu uns, doch ein Polizeibeamter deutete ihnen an, sich sofort wieder zu entfernen.

Endlich, nach einer abermaligen 10 oder 12tägigen Reise, auf der wir von mehreren Rittergutsbesitzern recht freundlich waren bewirtet und mit Hydeomel – einen Trank aus Honig bereitet, welcher gleich dem Champagner moussiert, wenn er ein gewisses Alter erreicht hat – mit köstlichem Quas und Arbusen – Wassermelonen – waren erfrischt worden, sahen wir den 25ten Oktober vormittags 10 Uhr Saratow, längs dem rechten Ufer des breiten Wolgastromes ausgebreitet vor uns liegen. Der Anblick dieser Stadt war in der Tat sehr überraschend und imposant.

Eine große Anzahl großer Gouvernements-Gebäude und schöner Kirchen mit hohem Türmen zierten selbige. Erst vor 2 Jahren war Saratow fast gänzlich durch eine Feuersbrunst zerstört und schon bereits größtenteils neu wieder aufgebaut worden.

Alle Schiffe bei der Stadt waren damals mit verbrannt und die Glut so groß gewesen, dass tausende der Einwohner in die Wolga gesprungen waren, um Kühlung zu finden.

Die Ufer der Wolga – des bedeutendsten Stromes in Russland, welcher einen Erdstrich von 500 deutschen Meilen durchschneidet – sind auf der europäischen Seite hoch anlaufend und amphitheatralisch erhebt sich auf diesen die Häusermasse, welche man vermöge ihrer Lage fast ganz übersehen kann.

Saratow zählt, wie man mir versicherte, gegen 20.000 Einwohner. Mehrere Gebäude mit ihren herrlichen Kolonaden, platten Dächern, Balkons und glänzenden Galerien waren auf einzelnen Punkten und Plätzen sichtbar und vor allen zeichnete sich das Palais des Gouverneurs mit seinen in Terrassen geteilten Gärten aus. Es lag auf einer Erhöhung hart an dem Ufer der Wolga, welche die unterste Terrasse mit ihren Wellen befeuchtete und dadurch gleichsam den Stellvertreter des russischen Kaisers zu huldigen schien.

Wir fuhren lange durch die weitschichtige Vorstadt, wurden an der äußersten Barriere vom Miliz-Dragonern empfangen und noch gegen 3 Stunden in der Stadt herum promeniert, um dem neugierigen Publikum unsere fremden Physiognomien zur Schaulust preis zu geben.

Wahrscheinlich hatte man noch nie hier Gefangene gesehen, denn der Zulauf und die Neugierde war unbeschreiblich. Unser Äußeres konnte jedoch wenig anziehendes haben, denn abgerechnet, dass unser höchst mannigfaltiges, durch den Zahn der Zeit sehr destruiertes Kostüm nicht füglich mehr unter die eleganten Hüllen gezählt werden durfte, so waren wir noch überdies mit Staub und Schmutz bedeckt, dass wir mehr kupferfarbenen Neuseeländern als Menschen aus dem zivilisierten Teil von Europa glichen.

Nach beendigten Rundzug fuhren die Wagen vor den Wohnung des Gouverneurs auf und man deutete uns an, dass Sr. Exzellenz uns baldigst in Augenschein nehmen würden, jedoch mochte wohl eine Stunde vergangen sein, ehe wir abberufen wurden.

Sehr viele der Umstehenden taten indes das Ihrige, um die Unterhaltung mit uns in einen lebhaften Gang zu bringen. Einige bewiesen, dass sie von dem Auslande Kenntnis und richtige Begriffe hatten, andere hingegen ließen mitunter sonderbare Fragen ergehen z.B. wünschte einer von mir zu wissen, ob wir auch Christen seien und ordentlich getauft wären? Im Ganzen aber sprach sich hier ungleich mehr Gutmütigkeit aus, als in Tambow und selten hörte man aus dem Pöbelhaufen ein franzuschki saback! Nach Verlauf einer Stunde erschien ein Polizei-Offizier und deutete uns an, in das Palais einzutreten. Bloß Stabsoffiziere, ohngefähr 20 an der Zahl, wurden zur Vorstellung gewählt. Man führte uns in einen großen, reich mit Gemälden, vorzüglichen Kupferstichen und Instrumenten versehenen Saal.

Eine Dame von 26 bis 28 Jahren trat uns mit einem zuvorkommenden Anstande entgegen.

Ihre Unterhaltung war äußerst lebhaft und sprang von einem Gegenstand zum andern über; wir durchkreuzten Paris, Dresden und Warschau, wir zerstörten und bauten wieder auf in Moskau, wir beurteilten die neueste französische Literatur und die Kunstwerke, welche sich im Saal befanden, kurz die verschiedenartigsten Gegenstände wurden in Zeit von 30 Minuten aufgefasst, besprochen, erfragt und erklärt. Mit einer bewunderungswürdigen Sachkenntnis drückte diese sehr unterrichtete Frau sich über alles aus und wusste, uns eine Menge artige Dinge zu sagen, kurz hätte ich nicht zu gut gefühlt, dass ich mich an den Ufern der Wolga befände, so würde ich mich wieder in einen der lebhaften Salons von Paris versetzt geglaubt haben.

Endlich trat der Gouverneur, General Panzelusow, ein schon ältlicher aber noch ganz a quatre epingtes gekleideter Mann ein.

Sein Haupt war mit einer hohen schneeweißgepuderten Perücke bedeckt und seine Uniform mit vielen Orden behangen. Er tat einige unbedeutende Fragen und entließ uns dann mit vieler Milde,

Ich werde hier die Erörterung jedes weiteren Details unterlassen, indem ich, sobald mir hinlängliche Muse zu

Teil wird in einem besonderen Aufsatz über meinen 7 monatlichen Aufenthalt in Saratow, über die Bereisung der deutsch-asiatischen Kolonien und über meine Bemerkungen auf der Rückreise nach Deutschland – insoweit ich als ein damals höchst Fieberkranker davon Kunde zu geben weiß – sprechen werde. An Materialien dazu wird es mir nicht fehlen, da ich mir damals so manches notiert habe.

Einige vorzügliche Menschen lernte ich hier kennen. Ihr Andenken wird, so lange ich lebe, in meiner Seele sich erhalten, ich nenne darunter einen Maler Küchelchen, einen Oberst Hartung, einen Professor Fessler und den Musikdirektor Melzer und den Baron v. Kr....r.

Konnte ich wohl glauben in einer der entferntesten Provinzen des russischen Reiches, in der letzten Grenzstadt Europas eine so freundschaftliche Aufnahme, einen so gebildeten Zirkel zu finden?

Mit der innigsten Rührung denke ich noch an alle die Beweise von Wohlwollen und Teilnahme zurück, welche mir, dem Fremdling, hier zu teil wurden.

Die Gemahlin der Gouverneurs und die Familie des Kapellmeisters Melzer und Hartung waren meine Retter, als ich 3 Wochen ohne Bewusstsein im hitzigen Fieber darnieder lag; ohne diese trefflichen wäre ich nicht mehr. Und auch ihm, den treuen Landsmann, dem Arzt des Gouverneurs, meinen heißesten Dank. Sein rastloser Eifer, seine Sorgsamkeit und seine Kenntnisse hielten mich an dem Rand des Grabes und riefen mich ins Leben zurück-

Der Baron Kr....r, der den 2ten Tag nach unserer Ankunft den Fürst H. und mich aus dem Hause eines altgläubigen russischen Kaufmanns, wo wir einige echt komische Abenteuer bestanden /: denn es ist hier eine eigene Sache um die altgläubige - man konnte wohl sagen – sehr abergläubische Seite :/ abgeholt hatte. Dieser Baron Kr....r, sage ich, war ein höchst genialer Mann, mit aller seiner Eigentümlichkeit, mit all seinen Vorzügen und Leidenschaften. Erlaubte es mir die Zeit und die Verhältnisse, so würde ich, insoweit ich durch ihn und Andere von sein Schicksal und besonderen Charakterzügen unterrichtet ward, sein Biograph werden und gelänge es mir, ihn nur einigermaßen treffend zu schildern, so zweifle ich keinen Augenblick, dass mein Buch sehr interessant werden würde. Im Blick, in Haltung und im Gespräch zeigte er durchaus den Stempel des Außerordentlichen. Er konnte was er wollte, ich möchte fast sagen, er konnte das unmöglich scheinende leisten. Wozu Andere Tage bedurften, dies beendete er in Stunden. Er war Schriftsteller in mehreren Sprachen, virtuos auf verschiedenen Instrumenten, Politiker, Philosoph, Landwirt pp. und in seinem Äußeren ein kraftvoller gewiegter Mann – er war Cäsar an Unternehmungsgeist, ein Sokrates in der Mäßigkeit, wenn Mangel eintrat und dies war zum Öfteren der Fall, da, wenn er es konnte, er mit vollen Händen gern spendete und wieder ein Lukullus üppigen Lebens; kurz er war Alles, nur nicht Herr seiner Leidenschaften. Knigge schilderte einen solchen Mann in seinem Zauberschloss; dieser war Direktor der Kapelle, Kommandant der Husaren, Konsistorial-Präsident und

Minister pp. alles zugleich an einem kleinen deutschen Hofe und Kr....r hätte allen diesen auch würdig vorgestanden, wenn er es anders gewollt hätte, davon bin ich fest überzeugt. Bald wurde er meinem Herzen unaussprechlich wert, ich liebte ihn eben so innig, als ich ihn anjetzt innig betrauere, denn leider muss ich befürchten, dass er nicht mehr ist; - ich verließ in einer höchst kritischen Katastrophe. Nur einen einzigen Brief erhielt ich in der langen Zeit von ihm und keinen mehr, alle die ich schrieb blieben unbeantwortet. Doch unwillkürlich wurde ich durch eine mir eben so teure als schmerzliche Erinnerung fortgerissen – nichts mehr davon. Sieben Monate brachte ich in Saratow zu, doch später hierüber noch einiges als Anhang, wie ich bereits eben bemerkte.

Indem ich diese Reminiszenzen aus den Jahren 1812 und 1813 vorjetzt beende, bitte ich diejenigen, welche sie einiger Aufmerksamkeit nicht unwert erachten, so manches Unwichtige, Ungeordnete, vielleicht auch hier und da – besonders hinsichtlich der Lage und Benennung der Örter sowie ihrer Entfernung – Unrichtige, nachsichtsvoll zu beurteilen.

Nach meiner Ankunft in S. hatte ich mir mit wenigen Worten das aufgezeichnet, was mir am bemerkenswertesten schien, und dadurch sind freilich hier so manche Lücken entstanden, welche durch einen Zeitabschnitt von 7 Jahren noch bedeutender werden mussten. Die Farben und Bilder der Vergangenheit verblichen bei Betrachtung der staunenswerten Begebenheiten, welche einander rasch folgten, das Neue trat an die Stelle des Alten und selbst die in die eigene Existenz eingreifensten Ereignisse erscheinen weit minder wichtig. So war's ja immer und so wird es bleiben! 1820

gez. von Leisser

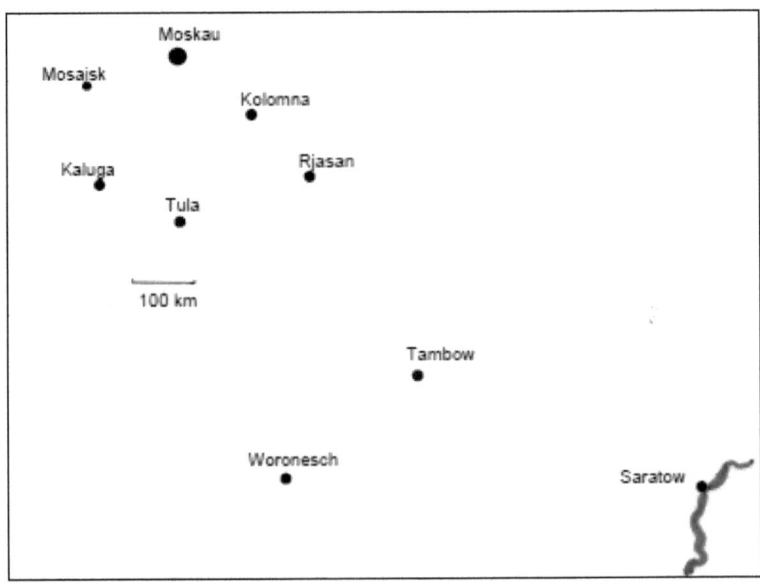

Abb. 03   Lage von Mosaisk, Moskau, Rjasan, Tambow und Saratow

Liste der im Text genannten sächsischen Offiziere

Berge, Carl August Maximilian von / Rittmeister I.Kl. (20.09.1809; Garde du Corps)

Beulwitz, Philipp August Heinrich von / Premier-Leutnant (30.06.1809; Zastrow)

Biedermann, Moritz Wilhelm Freiherr von / Sous-Leutnant (28.11.1808; Grade du Corps)

Feilitzsch, August Ernst von / Premier-Leutnant (31.05.1810) und Adjutant(Garde du Corps)

Hagen, Friedrich Heinrich Graf von / Sous-Leutnant (18.01.1811; Garde du Corps)

Hoyer, Ludwig von / aggr. Major (20.02.1812; Garde du Corps)

Kirchbach, Hanns Friedrich von / Premier-Leutnant (17.05.1811; Garde du Corps)

Klengel, Christian Heinrich Alexander von / Sous-Leutnant (18.06.1811; Garde du Cops)

Meerheim, Franz Ludwig August von / Premier-Leutnant (16.08.1811) und Adjutant (Zastrow)

Quaalen, Christoph von / Sous-Leutnant (08.04.1812; Garde du Corps)

Seydewitz, Curt Heinrich Alexander Ludwig Graf von / Rittmeister (20.02.1812) und Brigade-Adjutant (Leib-Kürassier-Garde)

Thielmann, Johann Adolph Freiherr von / Generalleutnant (26.02.1810)

Trützschler, Franz Julius von / Oberst (xx.xx.1812; Zastrow)

Ziegler und Klipphausen, Adolph Gottlob Ehrenreich August von / Major (22.03.1810; Albrecht)

Abb. 04 die Sousleutnants des Regiments Garde du Corps 1812

Quellen

Texte

HStA Dresden
Bestand 11 372 Militärgeschichtliche Sammlung
Akte 087 Tagebuch (Abschrift)

Stamm- und Rangliste der kön. Sächsischen Armee auf das Jahr 1812 – Dresden 1812

Stamm- und Rangliste der kön. Sächsischen Armee auf das Jahr 1813 – Dresden 1813

Abbildungen

Abb. 01 Bildnis Leyssers

https://de.wikipedia.org/wiki/Wilhelm_Friedrich_August_von_Ley%C3%9Fer#/media/File:Wilhelm_Friedrich_August_von_Ley%C3%9Fer_1771-1842_(01klein).jpg

Abb. 02 und 03

Herausgeber

Abb. 04

Stamm- und Rangliste 1812

In dieser Reihe sind an Memoiren, Berichten und Tagebüchern weiterhin erschienen:

No. 2 Die Berichte der sächsischen Truppen aus dem Feldzug 1806 (I) – Brigade Bevilaqua

No.19 1812 – Die Sachsen in Russland / Der Feldzug des VII. Armee-Korps in den Tagesbefehlen des Generalstabes und der Intendanz

No.21 Das Tagebuch von Ernst Ferdinand Aster aus dem Jahre 1812

No.22 Das Tagebuch von Friedrich Ernst Aster aus dem Jahre 1812

No.23 1813 – Die Sachsen im eigenen Land / Der Feldzug der sächsischen Truppen im VII. Armee-Korps in den Befehlen und Rapporten des Generalstabes und der Intendanz

No.26 Friedrich Vollborn – Erlebtes (III) vom 28.03.1813 bis mit 15.03.1814

No.34 Friedrich Vollborn – Erlebtes (IV) vom 16.03.1814 bis mit 02.01.1816

No.37 Die Tagebücher von Johann Carl von Dallwitz (1812 – 1815) und Adolf George von Göphardt (1813)

No.40 Friedrich Vollborn – Erlebtes (I+II) vom 16.04.1808 bis mit 27.03.1813

No.41 Friedrich Gottlieb Probsthayn – Das Tagebuch vom 14.05.1813 bis 29.09.1814

No.42 Die sächsischen Chevauxlegers-Regimenter (I) – Schriftstücke zum Feldzug 1812